리메이크로
거듭나는 교회

리메이크로 거듭나는 교회

초판 1쇄 발행 2008년 12월 24일
6쇄 발행 2021년 10월 29일

지은이 서길원
발행인 이영훈
소 장 김영석
편집장 이봉연
기획 및 편집 최진영
교정교열 박부연
디자인 박진실

펴낸곳 교회성장연구소
등록번호 제12-177호
주소 서울시 영등포구 여의공원로 101 CCMM빌딩 703B호
전화 02-2036-7922
팩스 02-2036-7910
웹사이트 www.pastor21.net

ISBN : 978-89-8304-131-9 03230

* 값은 뒷표지에 있습니다.
* 잘못 만들어진 책은 서점에서 교환해 드립니다.

리메이크로 거듭나는 교회

글 | 서 길 원 목사

교회성장연구소

Contents

추천사 6

프롤로그 8

part_1

부흥의 사람이 만들어지다 10

1장 과거는 무조건 감사하라 12

2장 부흥의 추억을 얻다 17

3장 리더 메이커(Leader-maker)의 꿈을 소유하다 21

4장 부흥을 온몸으로 체험하다 28

5장 부흥의 꽃을 피우는 행복 CEO를 꿈꾸다 33

Re-make

part_2

리메이크를 통한 부흥의 퍼레이드 36

1장 리메이크로 거듭나는 교회 38

2장 비전 리메이크 41

3장 기도 리메이크 54

4장 전도 리메이크 66

5장 예배 리메이크 103

6장 설교 리메이크 116

7장 양육 리메이크 135

8장 소그룹 리메이크 151

9장 심방 리메이크 163

10장 교회 학교 리메이크 181

11장 리더십 리메이크 190

에필로그 | 다시 쓰는 부흥의 기록 208

추 | 천 | 사

오늘날 한국 교회의 미래에 대해 걱정하는 분들이 많은 것 같습니다. 한국 교회를 향한 주위의 온갖 통계와 자료는 소망을 품는 일에 회의적인 마음을 갖게 하는 것도 사실입니다. 그러나 분명한 것은 교회 성장은 어제나 오늘이나 영원토록 변함없는 하나님의 계획이라는 사실입니다.

포기하지 않고 하나님의 부흥을 기대하며 땀 흘리는 목회자에게 하나님은 교회 성장을 선물로 주시는 것입니다. 상계교회의 부흥 이야기는 이러한 부흥을 사모하는 목회자들에게 희망을 제시하기에 충분합니다. 이를 뒷받침이라도 하듯이 상계교회는 교회성장연구소에서 발표한 '한국의 성장하는 교회'에서 중대형 교회 부문 2위로 선정되기도 했습니다.

이 책의 장점은 상계교회 부흥의 전 과정을 한눈에 보여 주는 것입니다. 특히 저자가 제시한 '리메이크 교회 성장'은 부흥을 위해 변화를 준비하고 있는 목회자나 지도자들에게 좋은 힌트가 될 수 있을 것입니다.

저자 서길원 담임 목사의 뜨거운 열정이 전해지기를 바라는 마음으로 이 책을 추천하며, 저자에게 임한 기름 부음과 지혜가 이 책을 통해 임파테이션(Impartation)되길 기원합니다.

- 명 성 훈 목사
순복음성시교회 담임 목사
(전 교회성장연구소소장)

서길원 목사는 매우 지혜롭고 조직적인 목회자입니다. 그래서 어떠한 일을 추진할 때 철저하게 계획하고 실천하는 것으로 알고 있습니다. 뿐만 아니라 지성인과 더불어 열정을 겸비한 목회자입니다.

지성과 야성을 겸비한 목회자라는 평가를 받는 서길원 목사는 그의 명성대로 교회를 부흥시켰습니다. 입으로만 교회 부흥을 외치는 것이 아니라 조직적이고 체계적인 변화를 통해 교인들이 전도하게 했으며, 교인들의 영적 성장이 이루어지도록 인도했습니다.

이 책에는 상계교회를 부흥으로 이끈 노하우가 담겨 있으며 서길원 목사의 지성과 열정이 고스란히 녹아 있습니다. 교회 성장을 위해 많은 목회자들이 고민하고 항상 기도하는 줄 압니다. 목회자로서 교회 성장을 위해 기도와 설교 말씀에 많은 노력을 기울이는 것도 중요하지만 부흥한 교회의 부흥 원리를 살펴보는 것도 좋은 방법이라고 생각합니다.

이 책을 통해 교회 성장의 원리를 습득하시고 나아가 성령 하나님의 능력을 받아 성장하는 교회, 교인들의 행복이 넘치는 교회를 만들어 나가시길 소망합니다.

- 최 이 우 목사

종교교회 담임 목사

너무 과분합니다!

설레임으로 목회의 첫발을 내디딘 곳이 충남 논산군 양촌면 반암리 반암교회였습니다. 박정순 집사님 가정의 사랑방이 교회로 사용되었고, 교인은 4명의 여자 집사님과 몇 명의 초중고등학교 학생들이 전부였던 아주 작은 곳이었습니다. 참 낯설고 어설펐습니다. 그러나 주님의 인도하심과 따스한 성도들의 마음이 나로 하여금 목회에 첫 도전을 할 수 있도록 붙잡아 주었습니다.

그렇게 시작한 목회가 벌써 23년째를 맞이하였습니다. 뒤돌아보면 저는 너무 행복한 성도이며 동시에 행복한 목회자였습니다. 너무 부족한 것이 많아서인지 늘 하나님이 도와주셨고 사랑해 주셨습니다. 거기에 성도님들의 반짝이는 최고의 사랑을 먹으며 오늘까지 이르렀습니다. 너무 과분한 은혜였습니다. 목회가 무엇인지도 모르는 자를 "우리 전도사님, 우리 목사님" 이라고 부르며 따라 준 성도들이 눈물겹게 고마울 뿐입니다. 하나님의 은혜와 성도들의 사랑이 저를 만들어 주셨습니다.

더욱 감사한 것은 제가 거쳤던 교회마다 하나님이 어김없이 부흥을 선물로 주셨던 것입니다. 첫 목회지인 반암교회의 교인이 4명이었지만 2년 만에 교회당을 짓고 마을의 50퍼센트의 가정이 교회에 출석하는 것으로 시작하여 군목 시절, 10년의 부목사 시절, 청양교회 그리고 지금 섬기는 상계교회에서까지 놀라운 부흥을 맛보게 하셨습니다. 40개월간 사역한 한국의 알프스, 청양에서의 사역은 '부흥은 하나님이 부어 주시는 것' 이라는 것을 알게 해 주었습니다. 150명이 출석하던 교회가 읍민의 10퍼센트에 가까운 800명이 출석하게 된 것입니다. 그리고 현재 섬기고 있는 상계교회에서도 주님은 부임 3년 만에 출석과 재정을 3배로 성장시켜 주셨습니다.

무슨 은혜인지 모르겠습니다. 저는 불신자의 가정에서 태어났기에 다른 목사님들만큼 교회를 잘 알지 못합니다. 성격도 내성적입니다. 건강도 그렇게 좋지 못합니다. 부임한 교회에 가서 주님의 교회임을 철저히 알고 그분 뜻대로 목회하려고 힘썼을 뿐인데, 성도들이 나보다 훌륭하다는 마음으로 열심히 섬기고 세웠을 뿐인데, 하나님은 그 가운데 부흥을 쏟아 부으셨습니다. 이는 철저한 하나님의 은혜이며 사랑스러운 동역자들과 장로님들, 성도님들의 수고의 열매입니다.

이 부흥의 소식을 나누며 크신 하나님의 은혜와 능력을 노래하고 싶어 이 책을 썼습니다. 또한 사랑스러운 성도들의 수고를 높여 주고, 부흥에 대한 열망은 있지만 부흥이 되지 않아 두려워하는 동역자들과 조국 교회에 조그마한 용기를 주었으면 하는 마음으로 이 글을 쓰게 되었습니다. 이 책을 접한 후 "그래! 서 목사를 통해서도 부흥을 일으키셨으니 나를 통해서, 우리 교회를 통해서도 부흥은 일어날 수 있다."라는 고백이 들리기를 소망해 봅니다.

이 책이 나오기까지 수고해 주신 분들이 참 많습니다. 신앙과 목회를 가르쳐 주신 김현조 목사님, 김행옥 목사님, 이준용 감독님, 이기복 감독님, 김국도 목사님, 이종주 감독님, 이군호 총장님, 이경숙 박사님, 조성근 목사님께 감사드립니다. 또 동역해 준 목사님들과 전도사님들, 장로님들과 성도님들께 깊은 감사를 드립니다. 무엇보다도 최선을 다해 응원하고 힘을 실어 주신 부모님, 형님, 불편을 감수하고 묵묵히 따라와 준 예은이와 예찬이, 특히 지난 20년간 모든 것을 주며 혼신을 다해 준 아내에게 진심으로 고마움을 표합니다. 출판을 위해 수고해 주신 교회성장연구소 홍영기 소장님을 비롯한 임직원 여러분들께도 감사드립니다.

영적인 북동풍을 소망하며 서 길 원 목사

part ... 1

부흥의 사람이 만들어지다

1장

과거는 무조건 감사하라

갑자기 집안에 어두운 그림자가 드리우기 시작했다. 대전 성모병원에서 들려온 소식 때문이었다. 57세의 아버지께서 위암 말기 진단을 받으신 것이다. 그때까지는 몰랐는데 아버지의 존재가 이렇게 컸는지 새삼 온 가족이 절감하는 순간이었다. 나는 15세의 사춘기 소년이었고 형님은 군대를 다녀와 중등 교사로 사역을 막 시작한 때였다. 농사를 짓는 집안이었기에 아버지 없이 어머니 혼자 가정을 꾸려 나간다는 것은 거의 불가능해 보였다. 많은 상념이 가족들을 사로잡았지만 일단 아버지의 병에 대한 처리가 급하여 모두 병원으로 달려갔다. 의사의 말은 절망적이었다. 수술을 해도 가망이 없다는 말에 모두가 눈물만 흘릴 뿐이었다.

바로 그때 형님 속에 있는 믿음의 위력이 발휘되기 시작했다. 군대에서 예수님을 영접했던 형님은 그 믿음에 따라 장남으로서 결론을 내렸다.

"수술을 해도 얼마 못 사신다면 예수님을 믿고 영혼 구원 받게 해야 합니다. 기도원으로 모시고 가겠습니다."

그러나 믿음의 세계를 전혀 몰랐던 가족들은 물론 친척과 친지들의 거센 반대가 만만치 않았다. 사실 우리 집안은 교회와는 멀어도 한참 멀었다. 2대 독자이신 아버지께서 아들 둘을 낳으셨으나 전쟁 중에 잃고 그 후로 나를 포함하여 2남 4녀를 낳으셨는데, 장남인 형님이 몸이 약해 늘 병원 신세를 졌다. 무당을 수양어머니로 두어 하루가 멀다 하고 굿을 하기도 했다. 귀신들이 얼마나 역사를 하는지 정말 아무 날이나 벽에 못을 박으면 눈에 핏줄이 서고 우환이 들었다. 절기 때마다 고사도 지냈다. 거기에다 아버지께서 동네 이장직을 맡으셨을 때에는 마을에 있는 교회를 옆 동네로 쫓아 버릴 정도였고 동네 자체도 우상이 들끓는 곳이었다. 그런 집안에서 종갓집 장손을 기도원으로 데리고 간다는 것은 가당치도 않은 일이었다.

하지만 형님은 그 누구의 말에도 흔들리지 않고 아버지를 논산 영암기도원으로 모시고 갔다. 결국 아버지는 그곳에서 소천하시기 45일 전에 회개의 눈물과 함께 예수님을 영접하시고 하나님의 자녀가 되셨다. 구원의 확신과 하나님의 살아 계심을 체험하신 아버지께 한 가지 큰 기도가 있었으니, 예전에 쫓아낸 교회를 우리 집 마당에 다시 짓는 일이었다. 아버지는 기도하셨다.

'제가 일어나면 반드시 저희 집 앞마당에 교회를 다시 세우겠습니다.'

하지만 아버지는 그 기도를 이루지 못한 채 하나님의 부르심을 받으셨다. 당시 '하나님이 살아 계신데 왜 아버지를 고치지 못하시나?' 라는 의심으로 집안이 흔들렸지만 형님과 교우들의 기도로 온 가족이 교회에 출석하기 시작했다. 나 역시도 그때부터 예수님을 믿기 시작했는데 지금 생각해 보면 우리 가정을 쓰시려는 하나님의 강권적인 역사였던 것 같다.

나는 원래 역사 선생이 되고 싶었다. 다들 그렇겠지만 나도 초등학교와 중학교 시절에는 공부를 꽤 잘했고 전교 회장도 하여 졸업 때 도교육감 상도 받았다. 사대 부고와 사범 대학을 졸업하여 교사가 되는 것이 꿈이었는데 형님은 교회에 나온 지 얼마 안 되는 나에게 "너는 나 대신 목회자가 되어야 한다."라고 했다. 형님은 나와 12살 차이의 띠동갑으로 늘 아버지를 대신했기에 나는 별다른 이의 없이 공주가 아닌 대전으로 고등학교를 가게 되었다. 그것 역시 하나님의 계획이었음을 나중에 알게 되었다. 대전으로 갔기에 선화교회에 나가 세례를 받고 구원의 확신을 갖게 되었으며, 고등부 회장이 되어 은혜 가운데 신학의 길을 가게 되었다.

아버지의 소천 후에 나의 고등학교와 대학 시절은 경제적으로 매우 힘겨운 시간이었다. 2대 독자이신 아버지의 2남 4녀 중 막내아들이었으니 얼마나 사랑을 받고 자랐겠는가! 그러나 현실은 얼마나 힘겨운지 배고픔도 외로움도 모두 그때 배웠다. 어떤 때는 한 달을 2천 원으로 지낸 적도 있었다. 또 학교에서 단체로 영화 관람을 할 때 500원이 없어서 가지 못한 적도 있었다. 아마 그때 영화가 〈벤허〉였던 것 같다. 돈이 없어서 자취방으로 돌아왔을 때 옆방에서 하숙하던 선배가 남의 속도 모르고 던진 한마디는 가슴속에 오래도록 상처로 남았다.

"길원이 재는 바보 같아서 교회만 다닐 줄 알지, 영화도 볼 줄 몰라."

세월이 흘러 나는 목사가 되었고, 그 선배를 안수해야 하는 순간이 왔다. 나는 그때를 생각하고 속으로 웃으며 머리를 힘껏 눌러 주었다.

힘들었지만 나는 그때 기도하는 법을 배웠다. 학원에 다닐 돈도 없었고 친구들과 놀러 갈 여유도 되지 않아서 열심히 기도하고 성경을 읽기 시작했다. '기도만은 내가 일등을 하겠다.'라는 마음으로 새벽 예배에도 나갔다. 새벽 예배를 드리던 어느 날 '목회자가 되어야 한다면 이왕이면 일등 목사가 되어야 하지 않을까?'라는 생각이 밀려왔다. 그래서 당시 한국 최초로 mbc 방송에 설교를 내보내시던 조용기 목사님을 닮았으면 하는 마음에 그 분의 흉내를 내보기도 하였다. 만약 내가 신앙과 꿈을 갖지 않았다면 나는 고등학교 시절에 분명히 우울증에 걸리고 말았을 것이다. 일등을 하다가 성적이 떨어지니 자존심이 상했고, 말하는 것도 싫어서 학교에 가면 침묵으로 일관했다. 그런 나를 주님이 품에 안아 주시고 아버지의 역할을 해주신 것 같아 지금도 감사할 뿐이다.

감사하게도 신학 대학에 수석으로 입학을 하게 된 나는 그 덕분에 금전적인 걱정을 다소 덜게 되었다. 교수님들의 사랑과 동기들의 응원도 얻을 수 있었다. 학교를 다닐 당시 나는 건강이 좋지 않았고 경제적으로도 어려움이 많았지만 고난은 변장된 축복임을 다시 한 번 느끼는 계기가 되었다. 장학금을 받지 못하면 학교에 다닐 수 없기에 열심히 공부했고 그로 인해 남보다 앞설 수 있었다. 지금의 아내도 그때 만나게 되었고, 공부를 잘하는 신학생을 특별히 아끼시는 선화교회 이기복 목사님의 사랑도 받게 되었다.

하나님 안에서는 고난도, 환난도, 어려움도 모두 은혜로 나가는 디딤돌에 불과하다. 지금 생각하면 그때의 그 훈련이 얼마나 감사한지 모른다. 가난하고 외로운 자들의 마음을 알게 되었으니 말이다. 그 경험을 바탕으로 지금도 어려운 교우와 이웃 주민들을 섬기고자 애쓰는 목회를 하고 있다.

그때를 생각하며 내가 요즈음 외치는 말이 있다.

"과거는 무조건 감사하고 미래는 무조건 꿈꾸라!"

로마서 8장 28절의 말씀처럼 사랑하시는 주님 안에서 모든 것이 합력하여 선이 이루어진다는 사실을 믿으면 감사하지 못할 것이 없다. 또 전능하신 그분을 믿으면 아무리 어려운 여건에서도 찬란한 내일을 꿈꾸지 못할 리 없다. 나는 지금도 여전히 일등 목사의 꿈을 꾸고 있다. 예수님이 열두 제자를 들어 쓰셨듯이 이 시대에 그분께 쓰임 받는 12명 중의 한 사람이 되고 싶다.

2장

부흥의 추억을 얻다

학교를 수석으로 입학한 나는 신학 대학의 교수가 되겠다는 꿈을 품고 기도하기 시작했다. 그러나 워낙 가진 것이 없는 나였기에 자신감이 있을 리 없었다. 그러던 차에 3학년 때 군목 시험에 합격하였고 그것을 계기로 대학원에 입학했다. 입학과 동시에 충남 논산 양촌에 있는 반암교회에서 전임 사역을 시작하게 되었다. 반암교회는 교회 건물이 없어서 한 집사님 댁의 사랑방에서 예배를 드리고 있었고, 전도사의 사택 역시 어떤 집사님 댁의 흙벽돌 사랑방이 전부였다. 나를 그곳에 파송한 감리사님도 "서 전도사는 군목이 될 테니 공부만 열심히 하면 될 거야. 거기는 목회가 될 곳이 아니야."라고 말씀하셨다.

그러나 내가 그 교회에 부임한 1986년, 하나님은 기적을 내려 주셨다. 내가 부임한 지 얼마 되지 않았을 때였다. 동네 이장이었던 분이 대전 을지

병원에서 뇌암으로 치료를 받다가 가망이 없다는 진단을 받고 집으로 돌아왔다. 집사님 중에 한 분이 "저분만 고침 받고 교회에 나오시면 우리 동네 전도의 문이 저절로 열릴 것입니다."라고 말씀하셨다. 그 말을 듣고 나와 교우들은 그 가정을 위해 저녁마다 심방하여 기도를 했다. 이에 주님은 반암교회를 일으키고 나의 영적인 리더십을 끌어내고자 그 기도를 들어주사 뇌암 환자가 고침받고 교회에 출석하게 하셨다. 그것을 계기로 전도의 문이 열려 2년 동안 동네 주민의 절반이 출석하고 교회 건물도 짓는 일이 일어났다. 교회를 짓는다는 것은 상상도 못했던 일이었기에 박정순 집사님은 조금의 망설임도 없이 땅을 내놓으셨다. 거기에 성도들이 모은 40만 원이 종자돈으로 보태져 교회를 지어 봉헌하는 기적이 일어났다. 지금 생각해 보면 목회 초기의 한없이 미약한 존재였던 나에게 주님이 내려 주신 큰 격려의 선물이었던 것 같다.

그 후 1988년, 설렘 반 두려움 반으로 군목으로 군에 입대했다. 입대할 때 찾아뵌 이종주 목사님께서는 뜻밖에도 "서 목사, 좋은 목사라는 소리 듣지 말고 훌륭한 목사라는 소리를 듣게!"라고 말씀하셨다. 처음에는 이해가 되지 않았다. 좋은 목사는 무엇이고 훌륭한 목사는 무엇인가? 자대에 배치를 받고 나서야 그 말의 뜻을 알게 되었다.

자대 배치 후 중위 계급장을 단 목사와 대령 계급장을 단 지휘관과의 만남이 나를 기다리고 있었다. 계급이나 인생 경험으로 그들을 앞선다는 것은 거의 불가능했다. 대신 계급이나 경험을 넘어선 목회자로서의 전문성과 탁월함만이 그들을 감동시키고 영적으로 리드할 수 있음을 알게 되었다. 그러나 그때는 경험도 영력도 없었기에 나로서는 그저 최선을 다하는 수밖에 없었다. "최선은 아름답다!"를 외치며 밤낮을 가리지 않고 사역에 몰입했다.

무서움이 많은 신혼의 아내를 홀로 두고 최전선 3사단의 철책에서 일주일 중 하루는 밤을 지새우며 젊은이들과 호흡하게 되었다. 또 목사로서의, 성직자로서의 차별화를 위해 일반 장교들이 줄 수 없는 사랑과 관심으로 그들에게 다가갔다. 지휘관이 아버지라면 나는 어머니의 역할을 하리라 마음먹었다. 병사들에게 존댓말을 쓰고 지휘관들을 위해 진심으로 기도했으며 장교들과는 친구가 되기 위해 노력했다.

그 노력의 산물로 한 개의 예배당을 신축하고 두 개의 예배당을 확장하게 되었다. 그리고 무엇보다도 젊은이들에게 주의 이름으로 세례를 많이 베풀 수 있게 된 것이 큰 기쁨이었다. 또 군 교회임에도 불구하고 상당한 부흥을 일구어 부흥회도 하고 군인들을 마음껏 섬길 정도의 재정도 확보하게 되었다. 한 연대장님이 나를 떠나보내면서 하셨던 말씀이 지금도 나를 행복하게 한다.

"목사님은 우리 부대의 영적인 연대장이었고 무관의 제왕이었습니다."

3사단과 26사단의 40개월에 걸친 군 목회는 목회에 있어 매우 큰 축복을 경험한 시간이었다. 많은 목회자들이 배우기 어려운 조직력을 배우는 기회였으며 젊은이 사역에 대한 자신감을 갖게 해준 시간이었기 때문이다. 또 그때 만났던 장교들과 종병 형제들은 지금 나의 사역에 큰 힘이 되고 있다.

반암교회와 군목 시절의 가장 큰 수확은 부흥에 대한 추억을 얻게 된 것이다. 성공에 대한 추억이 있는 사람만이 성공을 만들어 낸다. 섬긴 교회가 비록 크지는 않았지만 그때 얻었던 부흥의 추억은 지금도 나에게 큰 용기를 준다. 이 추억은 나에게 두 가지 자산이 되었다. 하나는 여건이 아무리 어렵고 힘든 교회일지라도 기도하고 최선을 다하면 부흥한다는 사실이며, 또 하나는 나처럼 부족한 존재도 하나님께 붙잡히면 부흥의 주인공이 될 수 있다는 확신을 얻은 것이다.

그때를 생각하며 부임하는 교회에 가면 가장 먼저 "이 교회도 부흥할 수 있다!"라고 외치게 된다. 그래서인지 그 후로는 부임하는 교회마다 두 배 이상의 부흥을 경험하는 축복을 누리게 되었다. 요즈음 나는 신학교 강단이나 목회자 세미나에서 다음과 같이 강하게 외친다.

"성공과 부흥을 원한다면 먼저 작은 성공과 부흥의 추억들을 계속 쌓아 가라!"

"어제도 오늘도 내일도 영원토록 한결같으신 주님으로 인해 하나님의 교회는 지금도 부흥 중임을 믿고 믿음으로 도전하라!"

리더 메이커(Leader-maker)의 꿈을 소유하다

재미있게 군 사역을 했지만 장래가 걱정이었다. 유학을 생각했으나 재정적인 후원이 불투명했고, 일에만 너무 집중하다 보니 학업에 대한 준비도 부족했다. 진로를 정하지 못했던 나는 군목 마지막 기간에 교회를 지으며 기도를 올렸다. 그러던 중 서울의 임마누엘교회에서 부목사를 초빙한다는 연락이 왔다. 인터뷰 후에 아동부 교육 목사로 부임하게 되었는데, 사실 나는 아동부를 경험하지 못했기에 어떻게 해야 할지 막막했다. 이럴 때 내가 할 수 있는 일은 기도밖에 없었다. 다른 것은 몰라도 기도하는 일에는 지고 싶지 않은 나였다. 나도 기도하고 교사들도 릴레이 기도를 하며 아동부 사역의 길을 시작했다. 그 기도 중에 주신 말씀을 지금도 잊을 수 없는데 그것이 훗날 내 목회의 큰 줄기 중의 하나가 되었다. 그것은 "아동에게도 영혼이 있다!"는 말씀이었다. 먼저 아동부 지도부에 이 말씀을 전했고 교사들을 설득했다.

“우리 아이들도 축복 받을 권리가 있으니 어린이 대심방을 합시다. 새벽 기도를 합시다.”

이 말에 공감한 교사들과 함께 주일 새벽 기도회를 먼저 시작했다. 훗날 그것이 발전해 주일 새벽에 아동 120명이 모이는 새벽 집회로 성장하게 되었고, 어린이 대심방도 실시했다. 처음에는 겁을 내던 교사들이 먼저 은혜를 받게 되었고 대심방 중에 부모들이 전도되는 일까지 일어났다.

특별한 재주는 없어도 이렇게 영혼을 사랑하며 최선을 다하자 하나님께서 감동하여 많은 역사를 일으켜 주셨다. 18개월의 아동 사역은 교사 250명에 어린이 1,270명까지 출석하는 열매를 맛보게 되었다. 하나님의 과분한 은총이었다. 그 후 장년 사역을 18개월 동안 더 하는 축복을 누렸다. 경험은 부족하여도 부목사의 마음이 아닌 담임 목사의 마음으로 사역의 발걸음을 떼자 성도들이 사랑해 주었고 교구에 좋은 일이 많이 일어났다. 적극적인 사고와 행사에 의해 성장한 임마누엘교회의 사역을 통하여 조직력이 목회에 어떻게 적용되는지를 볼 수 있었고 담임자의 추진력과 지도력의 중요성을 배우게 되었다.

사역을 이어 가던 어느 여름날 김국도 담임 목사님께서 나에게 유학을 가지 않겠느냐고 제의하셨다. 교육관을 지은 기념으로 유학을 보내 주시겠다는 것이었다. 유학에 미련이 있었던 나는 이것이 응답인 듯싶어 기쁨으로 가슴이 벅차올랐다. 그러나 철저한 준비 없이 너무 급하게 떠난 나머지 비자에 문제가 생겼다. 미국에 가서 트랜스퍼(transfer)하면 된다는 담당자의 말만 믿고 떠난 아주사 대학(Azusa Pacific University)으로의 유학은 한 학기의 공부로 끝나고 말았다. 미국에서 트랜스퍼하면 한국에 나온 후 미국에 다시 들어갈 수 없다는 사실을 알고 한 학기를 마친 후 한국에 나와 유학 비자를 신청했다. 그러나 목회자에게 비자를 잘 주지 않던 시기였기에 보기 좋게 거절당하고 말았다. 비자 인터뷰 시 내 앞에 야구 선수 박찬호가 있었는데 그는 'Yes'였고 나는 'No'였다. 보통 큰 문제가 아니었다. 이미 교회에는 후임 목회자까지 들어와 있었고, 아내는 대전의 처가에 내려갔다. 그렇다고 당장 사역할 교회가 있는 것도 아니어서 눈앞이 캄캄했다.

전철역에 한참 동안 앉아 있던 나는 이미 벌어진 현실임을 깨닫고 일어섰다. 참으로 견디기 힘든 위기였다. 담임 목사님은 다시 교회에 들어오라고 하셨지만 그렇게 하면 담임 목사님께 부담이 될 것 같았고, 나 역시도 교인들에게 짐이 되고 싶지 않아 고민하지 않을 수 없었다. 다른 자리가 쉽게 날 것 같지도 않았다.

이때 나의 무기인 기도에 내 모든 것을 던졌다. 아내는 당시 둘째 아이를 낳은 지 얼마 되지 않았기에 동행할 수가 없었고, 대신 장모님과 함께 대전호렙산기도원에 올라가 3일 금식 기도를 하게 되었다. 나는 온통 흰 눈으로 뒤덮인 산에 엎드려 하염없이 눈물을 흘리며 부르짖었다. 한편으로는 의지할 인맥이나 배경이 없다는 것이 너무도 서러워 자괴감에 빠지기도 했다. 이렇게 혼자 눈 덮인 추운 겨울 산에 엎드리다니 너무도 서글펐다.

금식 기도를 마치는 3일째에 좋으신 하나님은 '서울에 올라가지 않으리라!'라는 응답을 주셨다. 그 응답을 받고 서울의 교회에는 더 이상 부담을 드릴 수 없어 사임한다는 뜻을 전했다. 그 후 사역할 교회를 찾기 시작했지만 쉽지 않았다. 심지어 「교차로」라는 생활 정보 신문의 건물 매매 광고를 뒤지기도 했다. 개척하다가 처분한다는 교회에도 가보았다. 그때 은사 중 한 분이신 이기복 목사님께서 바쁜 와중에도 나와 동행해 주셨다. 그러나 그 교회를 보신 후 목사님께서는 그곳에 부임하는 것을 만류하셨다. 처가에 있었던 그 한 달 보름간은 참으로 고통스러운 시간이었다. 응답은 주셨는데 길은 보이지 않았다. 그러나 지금 생각해 보면 직장을 잃은 성도들의 초조하고 답답한 마음을 알게 해준 축복의 시간이었다.

하나님의 뜻은 나의 모교회인 선화교회로 인도하사 이기복 목사님을 섬기며 교육 목사로 사역하는 것임을 뒤늦게 알게 되었다. 다시 부교역자로 사역한다는 것이 한편으로는 속상했지만 워낙 다급했기에 감사하는 마음으로 선화교회 교육 목사로 부임하게 되었다. 사역지가 주어졌다는 것에 감사하면서도 한편으로는 하나님을 원망하는 마음이 없지 않았다. 신학 대학의 교수가 되고 싶었는데 군목에서 서울로, 서울에서 미국으로, 미국에서 대전으로 다시 돌아오다니……. 하나님이 나의 기도를 저버리신 것 같았다. 자괴감으로 인해 문뜩문뜩 불편한 마음이 생겨 주변 사람들과 부딪치기도 했다.

그러던 어느 날이었다. 중고등부 학생들을 데리고 교육원에 올라가 수련회를 진행하고 있을 때였다. 새벽 집회를 인도하고 기도를 하려는 순간 마음 저 밑바닥에서 또다시 '하나님, 저는 신학 대학의 교수가 되고 싶은데 상황도 나이도 여의치 않으니 이제는 불가능한 일인 것 같습니다.' 라는 불평의 음성이 들려왔다. 그때 마침 너무도 구슬픈 곡조의 '똑바로 보고 싶어요 주님' 이라는 복음송이 배경 음악으로 연주되자 내 마음을 표현한 것 같아 더욱더 슬픔이 복받쳤다. 그 상태로 주님께 부르짖었으니 거의 반항하는 수준이 아니었겠는가! 지금 생각해 보면 그저 송구스러울 뿐이다.

철없는 어린 목사에게 그때 주님은 내 인생을 이끌어 갈 놀라운 비전을 던지셨다.

"아들아! 너는 왜 꼭 바울이 되려고 하느냐? 바울을 길러 내는 바나바가 되는 것은 어떠하냐?"

그 음성이 너무도 가슴 깊이 저며서 나는 그만 주님께 항복하고 말았다. 아마 베드로가 "너는 사람을 낚는 어부가 되어라!"라는 말씀을 들었을 때 이런 심정이 아니었을까? 그날 나는 나를 향한 하나님의 계획을 발견하고 감사하며 이렇게 결심했다.

"하나님, 이제 저는 바나바가 되겠습니다. 바나바가 되어 1만 가정을 치유하고 1천 명의 지도자를 배출하며 100명의 세계적인 리더를 키우겠습니다. 그중의 10명은 반드시 세계적인 영적 리더로 키우겠습니다. 또 그중의 1명은 노벨 평화상을 받게 하겠습니다."

그 순간이 바로 내 인생 전체의 비전인 '11111의 비전'이 정해진 축복의 시간이었다. 꿈은 내가 꾸지만 그 꿈이 나를 만든다고 하였는데, 비로소 나의 꿈이 정해졌으니 그때부터 사역이 시작된 것이다.

비전이 정해지고 나니 나의 사역의 차원이 달라지는 것을 느낄 수 있었다. 내가 대하고 있는 교회 학교 학생을 단순한 사역의 대상이 아닌 앞으로 이 나라와 하나님 나라를 짊어지고 나갈 지도자라고 생각하니 그렇게 소중할 수가 없었다. 교육 목사가 달라지자 교사들이 달라지고, 교사들이 달라지자 기도 소리가 살아났다. 이렇게 부흥의 징조가 보이면서 300명이 모이던 교회 학교가 1년 만에 700명으로 부흥하였다. 이것이 바로 좋으신 하늘 아버지의 복 주심이 아닌가! 그때부터 중부권에 교육 목회를 잘하는 목사로 소문이 나게 되어 목회자 세미나나 청소년 집회를 인도하는 특권을 누렸다.

그 후 유학에 대한 생각을 정리하고 이기복 목사님의 배려로 모교인 목원대학에서 구약학 박사 과정을 시작했다. 그로 인해 신학 대학에서 신학생들을 가르칠 길이 열려 미래의 리더들을 키우는 기쁨도 누리게 되었다. 방과 후 리더십 스쿨(leadership-school)을 만들어 한 학년에서 비전과 지성, 영성이 겸비된 신학생 2, 3명을 뽑아 비전 터치와 리더십에 대한 도전을 던졌다. 바로 그들이 지금은 훌륭한 목사가 되었고, 유학을 가서 성장하고 있으며, 몇몇은 나의 목회 동역자가 되었다. 부교역자 사역과 신학교 사역, 부흥회 세미나 등 너무도 분주해 힘이 들었지만 하나님의 복 주심을 알고 감사하며 6년 7개월의 선화교회 사역을 마치게 되었다.

임마누엘교회와 선화교회 사역, 즉 부교역자였던 9년 11개월을 돌아보니 우리가 기도하고 이내 잊어버린 것을 하나님은 잊지 않으시고 언제가 꼭 필요한 순간에 응답하신다는 것을 깨닫게 되었다. 또 하나님은 나보다 나를 더 잘 아시고 나의 앞길을 인도하셨다. 그리고 무엇보다도 내게 던져진 사명, 즉 리더들을 키워 내는 사명이 분명해지는 축복을 누렸다. 내게 주신 은사는 '가르침'과 '리더십'이다. 이것을 가지고 예수님이 제자들을 부르신 것처럼 1명에서 3명, 그리고 12명, 나중에는 3천 명의 회중을 변화시키신 것과 같이 나 역시 전 세계의 복음화를 위해 헌신해야 하는 것이다. 나는 어디를 가든지 나의 비전 네임(vision name)인 '리더 메이커(leader maker)'를 자랑스럽게 말한다. 하나님이 주신 사명을 기억하기 위함이다. 오늘도 나는 기도한다.

'11111의 비전을 이루어 주옵소서!'

그리고 오늘의 내가 있기까지 목회의 스승이 되어 주신 김국도 목사님과 이기복 목사님께 감사를 드린다. 사람이 성공적인 인생을 살려면 1-10-100을 이루면 된다고 한다. 즉, 1명의 스승과 10명의 친구 그리고 100권의 책이 있어야 한다는 뜻이다. 나는 그중 두 분의 목회 스승을 모시고 있다. 김국도 목사님은 추진력과 조직력, 목회의 현대적 감각을 가르쳐 주셨고 이기복 목사님은 목회자로서의 따스함, 눈물, 배려, 후배를 기르려는 마음을 가르쳐 주셨다. 그분들은 하나님이 내게 주신 은총 중의 은총이다.

4장

부흥을 온몸으로 체험하다

대전 선화교회에서 6년 7개월간 부교역자의 사역을 마치고 2001년 4월 충남 청양교회에 담임 목사로 부임하게 되었다. 사실 나는 대전에서 청년 1만 명이 모이는 사역을 하고 싶었다. 선화교회 창립 55주년 기념 교회로 개척도 약속해 주신 상태였다. 그러나 하나님은 나의 계획과는 다른 계획을 가지고 계셨다. 나의 은사와 내 사정을 더 잘 아신 하나님은 나를 청양에 보내셨다. 내 생각대로 대전에서 개척했다면 나의 건강이 견디지 못했을 것이며 완벽주의인 성격 탓에 어지간히 마음이 병들었을 것이다. 그것을 아시고 리더십과 가르치는 은사를 활용하여 더 큰 일을 할 수 있는 청양교회로 인도하신 것이다.

청양교회는 당시 93년의 깊은 역사와 함께 규모나 모든 면에서 그 지역의 장자 교회였다. 그러나 부임해서 보니 교회 사정은 매우 어수선하고 교인들끼리 분쟁하며 서로 많은 상처를 주고 있었다. 나 역시도 대전에서 청년 교회를 개척하고 싶었던 꿈을 이루지 못하고 작은 지방 교회로 부임하였기에 마음이 무겁기는 마찬가지였다. 그렇다고 불평만 하고 있기에는 교회 상태가 너무 심각했다. 나는 하나님 앞에 엎드렸다.

'왜 저를 여기로 보내셨습니까? 군목에서 서울, 미국, 대전, 청양까지……. 이제는 또 어디입니까?'

불만 어린 기도는 계속되었다. 그러나 좋으신 하나님은 그런 나에게 엄청난 대답을 주셨다.

'모두가 안 된다고 하는 청양이 잘되는 것을 보여 주거라.'

이해가 되지 않는 응답이었지만 청양의 현실을 보면서 그 말씀의 의미를 찾으려고 애를 썼다. 한때 인구 12만의 도시가 당시에는 3만 7천 명으로 줄었으니 지역민들 입에서는 한결같이 "청양은 이제 안 돼!"라는 말이 나오는 상황이었다. 청양의 최대 문제는 패배주의였던 것이다. 교회든 지역 사회든 모두에게 패배주의가 만연해 있었다. 확신을 가지고 열심히 해도 잘되기가 힘든데 패배주의를 가지고 떠날 생각만 하는 사람들에게 좋은 일이 일어날 리 만무했다. 이 패배주의와 싸워 이기라고 하나님은 나에게 그런 응답을 주신 것이었다.

나는 교회 전체 비전을 '청양을 복음의 특별시로 만드는 교회!'로 정하고 새벽 기도 운동부터 시작했다. 기도 소리가 달라지면서 새벽 기도 참석 인원이 15명에서 70명, 100명으로 늘어나기 시작했다. 부임한 해 6월에 전도 잔치를 선포하고 전도를 시작했는데 150명이 출석하던 교회에 1천 명이 넘게 몰려오는 일이 일어났다. 나는 사기가 오른 교인들 중에 지도자감을 모아 제자 양육을 시작했다. 제자 양육을 통해 평신도들에게 사역자 마인드를 심어 주었다. 신기하게도 그 공부를 하면서 지도자들의 신앙의 자세가 달라지자 교회 전체 분위기가 달라져 교회에 모이는 일이 잦아지기 시작했다. 그중에 현역 교사 부부인 박영신, 임미자 집사는 자신들이 학교에 파송된 평신도 목회자임을 깨닫고 학생들을 섬기기 시작했다. 그들로 인해 4명이 모이던 중고등부가 1년 사이에 120명으로 늘어났으며, 주일 9시에 주일 예배가 신설되고 청소년 성가대가 구성되어 찬양하는 일이 일어났다.

이러한 일들로 청양교회에는 몇 가지 좋은 변화가 나타났다. 하나는 '하면 된다'는 마음가짐이었고 또 하나는 우리 교회가 지역 사회에 새바람을 던질 수 있다는 것이었다. 이 부흥의 바람을 지역 사회로 이어 가기 위해 몇 가지 시도를 하게 되었다.

그중 하나로 지역 청소년들을 모아 서울에 있는 명문 대학과 명문 교회를 방문하게 하는 비전 트립(vision trip)을 시행했다. 가고 싶은 학교 앞에서 사진을 찍어 책상 앞에 놓고 기도하도록 한 것이다. 이는 그들에게 보다 큰 꿈을 주기 위한 일이었다.

두 번째 시도로 노인 대학을 열어 운영하였다. 65세 이상 인구가 23.5%라는 통계를 보고 노인을 섬기는 일이 청양에서는 매우 중요한 일임을 직감했다. 노인 대학이 중요한 이유가 또 하나 있었다. 청양은 산이 많은 곳이라 불교의 영향력이 매우 강했다. 대부분의 노인들이 불교인이었기에 그들의 마음을 파고들어 가기 위해서도 노인 대학은 필수였다. 노인 대학 사역팀을 만들어 읍장인 권사님을 위원장에 임명하고 매주 토요일 오전에 모여 유익한 프로그램을 진행하면서 최고의 식사를 대접했다. 또 사역팀에는 '절대로 교회에 나오라거나 예수님을 믿으라는 말은 하지 말고 노인들을 최고로 섬길 것'을 엄격히 강조하였다. 그 작전이 주효하여 3학기가 지나기 전에 그들 중 절반 가까이가 교회에 등록하였고, 노인들이 자진하여 교회와 목사를 선전하는 스피커 역할을 충실하게 해주었다.

세 번째 시도로는 지역 사회와 호흡하고 지역민들의 패배주의에 도전하기 위해 지역 신문에 글을 기고했고, 무엇보다도 지역 내의 어려운 사람들을 물질적으로 돕는 일에 많은 에너지를 쏟았다. 그 일환으로 '하늘나라 프로젝트' 라는 이름의 지역을 섬기는 프로그램을 운영하였다. 이는 마태복음 25장의 달란트 비유를 응용해 성도들에게 5만 원, 2만 원, 만 원짜리 봉투를 200개 준비하여 뽑게 하고 그것을 가지고 한 달간 사업을 한 후 그 돈으로 지역민들을 섬기는 프로그램이었다. 500만 원으로 시작한 것이 1,500만 원이 되어 교회와 상관없는 이웃들에게 나누어 주게 되었다. 이에 대해 지역 신문이 한 지면의 절반을 할애해 '기독교 실용주의의 모델'이라는 제목으로 글을 게재해 주었다. 전도 효과는 물론 만점이었다. 좋은 일이라며 지역 기관장들도 적극 참여해 주었다. 지역 기관과도 관계를 돈독히 하여 공무원과 경찰을 섬기는 일에도 최선을 다했다. 나는 가는 곳마다 "청양 땅도 뜻이 있어서 하나님이 만드신 땅입니다. 청양도 할 수 있습니다. 힘을 냅시다."라고 목이 터져라 외쳤다. 이런 교회의 모습은 지역의 분위기를 바꾸는 데 일조하였고 지역 국회의원이 '목사님을 명예 군수로 임명하고 싶다.' 고 하여 함께 웃은 적이 있다. 지역민과 함께하던 그 시절은 행복하기 그지없었다.

그 결과 교회는 3년 만에 장년 500명과 어린이 300명이 출석하여 읍민의 10퍼센트에 가까운 800명이 출석하는 부흥의 기적을 이루었다. 무엇보다도 청소년들이 부흥하였고 신학생도 여러 명 나왔다. 당시 그 지역에서 널리 퍼진 말이 '청양에서 사람을 만나려면 청양교회에 가야 한다.'였다.

40개월의 청양교회 사역을 통해 나는 부흥이 무엇인지를 몸으로 체험하는 축복을 누리게 되었다. 부흥이란 점차로 시간을 두고 자라나는 성장과는 분명히 다르다. 베드로의 설교 후에 3천 명이 그 자리에서 세례를 받고 돌아온 것과 같은 현상을 우리는 부흥이라고 부른다. 청양교회는 분명 성장 이상의 부흥이 무엇인지를 보여 준 교회였다. 나는 그때부터 나를 초청하는 목회자 세미나의 제목을 '하나님의 교회는 지금도 부흥 중이다.'로 정했다.

또 청양교회 사역을 통해 나는 평신도들의 위력을 보았다. 훈련된 평신도 1명이 끼칠 수 있는 영향력은 그야말로 엄청났다. 훈련된 교사 1명이 한 학교를 복음의 학교로 바꾸는 것도 보았다. 안 된다던 남성들이 부부 소그룹으로 모이면서 얼마나 행복해하는지를 보았다. 우스갯소리로 듣던 '받고 일하는 사람들은 금방 지치는데 받치고 일하는 자는 하면 할수록 더욱 힘을 낸다.'라는 말이 사실인 것 같아 받고 일하는 자로서 부끄러운 적이 많았다.

마지막으로 한 교회가 살아 움직이면 한 지역을 바꿀 수 있다는 가능성도 보았다. 교회만의 교회는 21세기에 설 자리가 없다. 지역과 호흡하고 지역을 선도하는 교회여야 한다. 아직 한국 교회는 그 일을 할 수 있는 여지가 있다고 믿는다.

부흥을 온몸으로 체험하면서 다시 고백할 수밖에 없는 것은 '역시 하나님은 살아 계십니다. 예수님의 복음은 위력이 있습니다!'이다.

주님을 사랑합니다. 주님을 찬양합니다.

5장

부흥의 꽃을 피우는 행복 CEO를 꿈꾸다

떠날 수 없는 상황이었지만 하나님은 강권하여 현재 시무하고 있는 서울 상계교회로 나의 사역터를 옮기셨다. 서울로 올라와서 더 큰 사역을 하고 싶은 것은 많은 목회자들의 공통적인 꿈이다. 나 역시도 그런 마음이 있었지만 당시 청양교회는 부흥으로 인하여 100주년 기념 성전 건축을 결의하고 준비 중에 있었다. 헌금을 작정하고 대지를 구입하여 설계도를 그려 나갔으며 나 역시도 건축 헌금 1억 원을 작정하고 헌금하는 중이었다. 흥미롭게도 건축 헌금 1억 원을 작정하고 난 후에 하나님은 나에게 부흥회 인도와 목회자 세미나의 길을 열어 주셨다. 목회자의 사례비로는 1억 원 헌금이 불가능한 것을 아셨던 것이다. 하나님이 기뻐하시는 일을 결심만 해도 하나님은 복을 주신다. 한번은 감리교회 교단장이신 김진호 감독회장님과 식사할 기회가 있었는데 그때 청양교회 부흥이 화제가 되었다. 감독회장님은 그 이야기를 자세히 들으시고는 가는 곳마다 청양교회와 나에 대해 칭찬을 하셨다. 이는 하나님이 하신 일이라 믿는다.

청양교회와 상계교회 사이에서의 고민은 쉽게 결론이 나지 않았으나 결국 2004년 8월 1일 상계교회에 부임했다. 지금도 청양교회 교우들에게는 인간적으로 미안한 마음을 가지고 있다.

서울에 온 나는 하나님의 인도하심에 순종하는 것이 주의 종의 도리임을 알면서도 '왜 하나님이 나를 여기에 보내셨을까?'를 물으며 기도하게 되었다. 부임하여 교회의 속사정을 알게 되니 나의 은사가 필요해 보내셨다는 것을 금방 알 수 있었다. 10여 년 전에는 2천 명 가까이 출석했던 교회였는데 내가 부임하는 주에는 450명이 출석하는 교회로 줄어 있었다. 전년도에 전도된 총인원은 56명이었으며 전임 목사님이 은퇴하는 일로 인해 교회는 사분오열된 상태였다. 어떻게 보면 젊은 목사인 내가 감당하기에는 벅차 보였다. 그러나 감당할 만하니 보내셨으리라는 믿음을 가지고 하나님 앞에 엎드렸다. 기도하던 중 나는 하나님의 놀라운 섭리에 감격할 수밖에 없었다. '11111의 비전'을 청양에서는 이룰 수 없음을 아시고 서울, 그것도 인구 밀집 지역인 노원구로 나를 인도하셨음을 깨달았기 때문이다. 나는 다짐했다. 부흥의 꽃을 피우리라고! 꽃을 피워야 향기가 나고 향기가 나야 벌들이 모이며 그래야 열매를 맺는 것 아닌가! 나는 상계교회의 부흥을 통해 하나님이 살아 계심을 이 땅에 보여 주고 싶다고 주님께 아뢰었다. 이런 나에게 주님이 내려 주신 상계교회 사역의 비전은 "영적인 북동풍으로 한국을 예수 마을로 만드는 교회"였다. 이를 위해 다음과 같은 구체적인 목표를 설정했다.

상계교회의 비전

1. 성도들이 사역하는 행복한 교회
2. 1만 명이 모여 서울을 주도하는 교회
3. 인재를 양성하여 한국과 세계에 도전을 주는 교회

이 내용을 모든 곳에 써 붙여 기도 시간마다 주님께 아뢰고 설교 시간마다 교인들에게 강조했다. 그 다음으로 기도를 통해 은혜를 사모하게 하고, 열심히 전도하여 영혼 구원의 열정을 갖게 했다. 또 평신도 사역자들을 양육하여 부흥을 이어 가며, 지역 사회를 섬기고 인재를 양성하는 수순을 밟았다.

결론부터 말하면 1년 만에 출석이 두 배로 성장하고 만 2년 만에 주일 예배 출석이 세 배가 되는 축복을 주셨다. 교회성장연구소에서 교회 경쟁력을 계량화하였는데 상계교회가 중대형 교회 전국 2위에 오르는 기쁨도 주셨다.

상계교회에서 진행된 여러 가지 일들은 뒷장에 소개하였는데, 여기서 한 가지 확신하는 것은 반드시 부흥의 꽃이 피리라는 것이다. 요즈음 교우들이 500일 저녁 기도를 작정하고 저녁마다 이렇게 기도를 한다.

'상계교회가 한국 교회 제2의 부흥의 진원지가 되게 하옵소서.'

'상계교회로 인해 미자립 교회들이 자립하는 축복을 주사 그들로 인해 나라 전체가 예수 마을이 되게 하옵소서!'

부흥의 꽃이 필 때 하나님은 영광을 받으실 것이다. 지역은 진흥할 것이며 사역하는 성도들에게는 하늘과 땅의 복이 주어지리라 믿는다. 나는 그 부흥의 꽃을 바라보며 부흥을 전하고 부흥을 이어 가는 행복 CEO가 되고 싶다.

Re-make

part ... 2

리메이크를 통한 부흥의 퍼레이드

1장

리메이크로 거듭나는 교회

나는 '리메이크(Re-make)'라는 말을 좋아한다. 리메이크는 예전에 제작한 영화나 노래, 드라마 등을 새롭게 다시 만드는 것을 뜻하는 용어다. 리메이크는 대개 대화 내용, 등장인물, 상황, 디자인, 주제가 새롭게 각색되는데, 주로 고전 영화들이 리메이크되는 경우가 많다. 오래된 텔레비전 드라마들도 첫 방영 후 몇 년이 지나 한두 시간짜리 특집으로 다시 만들어지기도 한다. 이 같은 리메이크는 가능한 한 원작에 충실하며 주요 등장인물도 다시 등장시켜 보는 사람으로 하여금 향수를 느끼도록 해준다.

이러한 리메이크 방식의 제작이 선호되는 이유는 순수한 창작의 경우 시장성이 검증되지 않은 관계로 위험 요소가 존재하게 되나 리메이크의 경우 이미 기존의 작품을 통해 일정한 고객층이 형성되어 있기 때문에 마케팅에 대한 부담을 줄일 수 있다는 장점을 가지고 있기 때문이다. 나는 이러한 리메이크 개념을 교회에도 적극적으로 도입할 것을 주장하고 싶다. 그 이유는 크게 세 가지로 나눌 수 있다.

첫째, 혁신적인 시스템은 교인들도 따라오기 힘들 뿐만 아니라 목회자 자신도 이를 실행하기가 쉽지 않다. 하나의 시스템이 제 기능을 발휘하기 위해서는 성도들이 그 시스템을 단순히 이해하는 차원에 머무는 것이 아니라 완전히 체득해야 한다. 이러한 수준에 이르기까지는 매우 많은 기회비용을 치러야만 한다. 또 혁신적인 시스템의 경우 그 실행 과정에서 예기치 못했던 문제들이 항상 발생하기 마련인데 목회자가 이에 효과적으로 대처하지 못할 경우 오히려 목회 리더십에 악영향을 미칠 수 있기 때문이다.

둘째, 현재로서도 좋은 것이 너무 많다. 예를 들어 내용은 재미있지만 생소한 게임의 경우 사람들에게 그 게임의 규칙을 설명하다 지쳐 버린 경험이 게임을 진행해 본 사람이라면 누구나 있을 것이다. 이미 누구나 다 그 규칙을 알고 있는 전통적인 게임이 결국 가장 많은 사람들이 즐길 수 있는 게임인 것이다. 이러한 전통은 하루아침에 이루어지는 것이 아니다.

셋째, 교인들도 변화에 대한 부담을 덜 느낀다. 이는 변화에 대한 반발이 덜하다는 것을 의미한다. 일하는 것보다 새로운 변화에 대한 반발을 진정시키고 그들을 설득하는 것이 더 힘들 때도 많다.

물론 리메이크도 단점이 없는 것은 아니다. 자칫 기존 시스템과의 차별화에 실패할 경우 조직의 새로운 동력화를 기대하기 힘들다. 사람은 그 인지 작용의 특성상 이미 익숙한 것이라고 판단할 경우 새로운 변화를 잘 감지하지 못하는 경향이 있다. 이것이 리메이크를 계획할 때 주의해야 할 점이다. 즉, '낯설지 않은 새로움'이 성공적인 리메이크를 정의하는 표현이라 하겠다.

결론적으로 나는 개혁보다는 리메이크 쪽을 선택했다. 그 이유 중 하나는 나에게 남다른 특별한 창조성이 없어서고, 더 큰 이유는 지금까지 전해져 온 것들 중에도 중요한 보물들이 너무 많다는 사실을 알았기 때문이다. 거기에다 주로 내가 사역한 교회가 개척이 아닌 기존 교회였기에 이미 있는 것들을 발전시키는 것이 더 빠른 길이었다. 교회의 전통이나 제도를 보면 그것이 그냥 이루어진 것이 아니라 많은 실험과 과정을 거쳐 오늘에 이르렀음을 알 수 있다. 그런데도 시대가 바뀌었다고 대부분의 목회자나 성도들은 새로운 것만 찾아 나선다. 그러나 새로운 것은 찾기도 쉽지 않을뿐더러 찾더라도 그것이 뿌리를 내리기까지는 많은 어려움과 부작용이 따른다. 어느 교인에게 들은 이야기인데, 교회의 목사님이 세미나에 가는 것이 두렵다는 것이다. 그 이유는 세미나만 다녀오시면 새로운 것을 시도하여 교회 전체가 안정감이 없고 교인들이 그것에 적응하기 힘들다는 것이었다.

나는 리메이크의 눈으로 교회의 프로그램이나 제도를 보면서 부흥의 무궁무진한 가능성을 보았다. 그 가능성을 붙잡고 나가니 목회자도 안정적이고 교인들도 개혁 피로증에 시달리지 않게 되었다. 물론 리메이크인데도 힘들다고 불평하는 사람이 없는 것은 아니었지만 말이다.

이제 청양교회와 상계교회에서 경험한 리메이크를 통한 부흥 퍼레이드를 소개하고자 한다.

2장

비전 리메이크

나는 종종 다음과 같은 질문을 받는다.

"어떻게 그토록 혼란한 교회를 단시일 내에 안정시킵니까?"

"부임하는 교회마다 부흥시켰다는데 그 비법이 무엇입니까?"

나에게는 과분한 질문이지만 대답을 한다면 이렇게 말할 것이다.

"첫째는 하나님의 은혜입니다. 그리고 굳이 비법을 말하라면 나는 비전의 법칙이라고 생각합니다."

그러고 보니 나는 개척 교회보다는 기존의 교회, 그것도 침체되고 혼란한 상태에 있는 교회에만 부임했던 것 같다. 그런 교회에 가서 부흥을 일군 것은 그야말로 하나님의 놀라운 은혜임에 틀림없다. 그 모든 것은 하나님이 이루신 것으로, 항상 내게 비전부터 던져 주셨다. 그 비전을 붙들어 충실하게 임하고 그 비전을 교인들과 함께 나눈 것이 교회의 안정 회복과 부흥의 초석이 된 것이다.

이 비전의 힘이 얼마나 놀라운지를 미국 하버드 대학의 지도자 연구 센터가 조사해 밝혀냈다. 미국의 최고 경영자 500명을 대상으로 직접 방문 조사를 실시했는데 그중 150명이 비약적인 발전과 성공을 거듭하고 있었다. 이들 150명에게는 세 가지 공통점이 있었다. 그 첫째는 큰 비전의 인물이라는 점이다. 꿈과 이상을 너무 크게 가졌기에 처음에는 주변 사람들이 허풍선이니 종이호랑이니 하며 비웃을 정도였다고 한다. 둘째는 끝까지 일구어 내는 찰거머리 같은 끈기를 가진 자들이라는 점이다. 셋째는 주님을 주인으로 모신 최고 경영자들이었다는 점이다. 그들은 주님이 원하시는 대로 경영했고 주님의 뜻대로 돈을 쓰는 사람들이었다. 한마디로 비전의 힘을 알고 사는 비저너리(visionary)였던 것이다.

비전의 중요성을 모르는 자가 어디 있겠는가? 문제는 나만의 비전을 설정하는 것이다. 대부분의 목회자나 성도가 교회 부흥이라는 비전을 갖고 있지만 그 비전을 어떻게 나의 비전으로 만들어 갈 것인지는 잘 모르기에 망상이나 야망으로 끝나는 경우가 많은 것 같다. 이 비전을 나의 것으로 만드는 것을 나는 비전 리메이크(vision remake)라 부르고 싶다. 이렇게 나만의 비전을 만들기 위해서는 시도해야 할 몇 가지 일들이 있다.

시대를 읽어라

시대를 읽어야 그 시대에 맞는 옷을 입힐 수 있다. 아무리 좋은 것이라도 시대에 맞는 옷을 입혀야 촌스럽지 않고 현대인들에게 접근하기가 쉽기 때문이다. 어떻게 보면 비전이라는 것은 눈에 보이지 않는 것을 볼 수 있는 통찰력이기에 시대를 말하지 않고는 비전을 말할 수 없다. 이런 면에서 비전을 리메이크하는 첫걸음은 시대를 읽는 것이다.

우리가 살고 있는 21세기는 정보화 시대, 다원화 시대, 개인주의 시대이다. 모든 분야가 세분화, 전문화되고 있으며 교회도 예외가 아니다. 수많은 정보가 인터넷과 TV 등 다양한 매체를 통해 성도들에게 전달되고 있다. 유명한 목사님들의 주옥같은 설교도 언제 어디서든 다양한 방법으로 접할 수 있다. 교인들도 여러 가지 다양한 것을 요구하고 있고, 교회에서도 개인의 요구에 맞는 것을 취사선택하는 것이 일상화되고 있다. 특별하고 철저한 개인주의가 교회 안까지 찾아온 것이다. 자신의 최소한의 의무만을 지키면서 마음의 평안을 얻기를 원하는 크리스천들이 늘어나고 있는 것이 현실인 것이다.

이러한 현실을 읽지 못하면 시대에 맞는 비전을 설정할 수 없고 정확한 비전이 없이는 교회를 부흥시킬 수 없다. 시대를 정확히 읽고 이 시대에 맞는 비전을 설정하며 그에 맞는 부흥의 전략을 갖추는 것이 필요하다. 목사 한 사람의 역량으로는 정보의 홍수 속에서 세분화되고 다원화되어 가는 교회 조직을 이끌어 갈 수 없다. 성도들의 다양하고 특별한 요구를 목사 혼자서 채워 줄 수는 없는 것이다. 그래서 평신도가 각 분야에서 전문성을 가지고 사역해야 하는 시대가 지금 우리가 목회하고 있는 현장이다. 평신도의 사역화는 시대적 흐름이기에 이것을 모르고는 현대 목회를 성공적으로 이끌 수 없다.

또한 21세기는 지식 사회이다. 성도들의 지적 수준이 높아지고 학력도 높아졌다. 목사보다 똑똑한 사람이 더욱 많아졌다는 뜻이다. 철저하게 준비되지 않은 목회자는 사실 설 자리가 없어진 것이다. 준비되지 않은 지도자

100명보다 제대로 훈련되고 준비된 지도자 1명이 필요한 시대다. 지도자는 혼자 일을 감당하기보다 100명을 움직이는 힘을 길러야 한다. "내가 10명의 몫을 감당하기보다 나로 인해 10명이 일하게 하소서!"라는 디엘 무디(D. L. Moody)의 말을 귀담아 들어야 할 시대인 것이다. 이 시대는 지도력을 철저히 준비한 사람을 요구하고 있다. 교회도 마찬가지다. 교회의 최고 지도자는 목사다. 목회자에게 가장 간절히 요구되는 모습은 바로 지도자상이다. 지도자는 시대를 읽고 비전을 리메이크하여 그 비전에 따라 교회를 부흥시켜야 한다. 이에 슈나이더(H. A. Schneider) 교수는 우리에게 21세기 교회의 특징에 대해 다음과 같은 많은 힌트를 준다.

- 지역 교회에서 세계 교회로 전환
- 제도적인 전통에서 하나님 나라의 신학으로 전환
- 성직자와 평신도의 구분에서 교역자와 평신도의 공동체로 전환
- 남녀 동반 시대로 전환
- 세속화에서 종교적 상대주의로 전환
- 수직적인 지도력에서 수평적인 지도력으로 전환
- 교회 성장 운동에서 은사 활용을 통한 지역사회 봉사로 전환

전략을 세워라

시대를 정확하게 읽고 이 시대의 성향과 필요를 찾았다면 두 번째로 해야 할 일이 바로 전략을 세우는 것이다. 전쟁도 전략에 따라 성패가 좌우되듯이 교회 부흥도 전략이 매우 중요하다.

그 전략 중 가장 우선적인 것은 교회 전체의 비전을 세우는 것이다. 비

전은 공통체가 한 목적을 가지고 한곳을 향해 달려가게 해준다. 즉, 성도들에게 교회 생활의 목표점을 제시해 준다. 소위 기도거리를 주는 것이다. 그런데 비전을 세움에 있어 주의해야 할 점은 그 비전이 교회의 목적에 부합되어야 한다는 것이다. 교회의 목적은 무엇인가? 교회의 목적은 영혼을 구원하고 인재를 양성해 하나님의 나라를 확장하고 그것을 통해 하나님께 영광을 돌리는 것이라 믿는다.

또 한 가지 주의해야 할 것은 그 비전이 그 교회를 담임하는 목회자의 비전과 같아야 한다는 것이다. 목회자는 하나님이 그 교회에 필요하여 보낸 사람인 동시에 그 교회를 이끌어 가는 리더다. 비전은 리더가 자신의 은사와 장점에 의해 자신 있게 추진할 수 있는 것이어야 한다. 리더도 자신 없는 비전은 실행되지 못하며 실행된다 해도 성공 가능성이 희박하다.

비전을 설정하되 주의해야 할 마지막 포인트는 현재 그 교회가 처한 상황과 부합되어야 한다는 것이다. 지도력이든 비전이든 상황성이 정말 중요하다. 아무리 좋은 비전이라도 상황성이 없으면 구성원들에게 동기 유발이 되지 않는다. 또한 그 비전을 실행하는 가운데 흥미 유발도 되지 못하는 법이다. 상황에 부합될 때 그 비전이 나의 비전, 우리의 비전으로 다가오고 그로 인해 모두가 동참하여 그 비전을 성취하게 되는 것이다.

나는 교회를 이동할 때마다 이 세 가지 주의점, 즉 교회의 목적과 그 교회의 담임자의 비전, 그리고 그 교회가 처한 현실을 고려하여 비전을 설정해 왔다. 그렇게 설정한 비전으로 교인들을 설득했다. 비전이 아무리 좋아도 그것이 공유되지 못하면 하나의 슬로건에 불과하다. 비전의 공유를 위하여 설교 시간에 성경을 통해 그 근거를 제시하고 내용을 반복했으며 대표 기도자들이 기도하게 하고 교회 구석구석에 써 붙였다. 그리고 무엇보다도 그 비전에 몰입해 있는 담임자의 모습을 보여 주어야 한다. 이렇게 하면 처음에는 비웃고 방관하던 자들이 서서히 그 비전 안으로 들어와 담임 목사와 함께 비저너리(visionary)로 변화하게 된다. 이것이 내가 말하는 '비전 리메이크'다.

2001년부터 2004년까지 사역한 청양교회에서의 비전은 전도를 통해 영혼을 구원하고 그 구원된 자들을 양육해 지역 사회를 섬기는 자로 만드는데 초점을 두었다. 당시 청양은 도시 전체에 패배 의식이 만연해 있었다. 교회 역시 암담한 분위기였다. 근 100년이 다된 역사를 가지고 있었지만 전임자의 은퇴 과정에서 많은 상처를 받아 지도자들이 낙심하였고 젊은이들은 하나둘씩 떠나고 있었다. 이런 상황에서 나의 은사를 고려해 다음과 같이 비전을 설정했다.

청양교회의 비전

"청양을 복음의 특별시로 만드는 교회"

1. 성도들이 사역하는 교회
2. 1천 명이 모여 청양을 섬기는 교회
3. 인재를 양성해 한국에 도전을 주는 교회

비록 작은 도시지만 미국의 펜사콜라와 같이 복음의 도시로 만들어 전국에서 사람들이 몰려오는 '복음의 특별시'를 만들자고 교인들을 설득했다. 그리고 성도는 구경꾼이 아닌 사역자임을 성경 공부를 통해 가르쳤으며 은사대로 배치하여 사역을 맡겼다. 기도와 프로그램으로 전도 잔치를 준비하고 그 잔치를 통해 영혼 구원의 중요성, 전도의 영성과 야성을 갖게 했다. 봄가을에 한 달씩 이어지는 전도 잔치 때 구호와 목표를 정해 놓고 손을 들어 외치며 심령 깊이 각인시키는 작업을 했다. 또 비전 트립(vision trip)을 마련해 지도자와 인재 양성의 도전을 주었다. 먼저 교회 기관장들로 하여금 서울의 선진 교회를 방문해 벤치마킹을 하게 했고, 청소년들을 모아 서울의 일류 대학을 방문해 꿈을 갖게 했으며, 청년들을 중국 선교 현장에 보내 국제 감각을 갖게 했다. 이런 일련의 프로그램들을 통해 '아, 우리에게 던져진 비전은 모두 실현 가능한 것이구나!'라는 생각을 소유하게 했다. 갑작스럽게 서울로 사역지를 옮겨 이 비전을 다 이루지는 못했지만 40개월 동안 이 비전으로 인해 교회는 실로 엄청난 성장을 했다. 장년층 출석이 150명에서 500명으로 늘었고 교회 학교 어린이 300명까지 합하면 청양 주민의 약 10%가 청양교회에 출석하는 쾌거를 이루었다. 지역민들에게는 신뢰를 얻었을 뿐 아니라 그들이 기대하는 교회, 그들에게 도전을 주는 교회로 탈바꿈했다. 이것이 모두 비전의 힘이었다.

2006년에 서울 상계교회에 부임해서도 '비전 리메이크'를 시도했다. 갑작스럽게 부임한 상계교회의 현실은 청양보다 좀 더 심각하여 온갖 종류의 패배주의가 팽배해 있었다. 거기에다 전임 목사님의 은퇴 후 이어진 4개월의 공백으로 교회는 상처투성이였다. 젊은이들도 그리 많지 않았다. 오기 힘든 상황이었지만 강권하여 이곳으로 사역지를 옮기신 주님의 뜻을 조금은 알 것 같았다. 부임 후 기도를 하며 비전 설정을 위해 비지땀을 흘렸다. 성령님의 도우심을 기대하며 앞의 세 가지 요소를 가지고 지역과 교회를 분석해 다음과 같은 비전을 설정하고 교회 앞에 내놓았다.

상계교회의 비전

"영적인 북동풍으로 한국을 예수 마을로 만드는 교회"

1. 성도들이 사역하는 행복한 교회
2. 1만 명이 모여 서울을 주도하는 교회
3. 인재를 양성해 한국과 세계에 도전을 주는 교회

서울의 변방인 상계동에 위치한 교회로서 강남에 비해 소외 의식을 가지고 있던 이들에게 영적인 북동풍으로 한국을 예수 마을로 만들자는 비전을 제시함으로써 패배주의를 극복하고 자신감을 갖게 할 수 있었다. 또 성도들에게 사역 마인드를 불어넣어 그간의 상처를 극복하게 했으며 전도의 목표를 제시하여 영혼 구원에 집중하는 교회를 위해 힘쓰게 했다. 그리고 젊은 인재 양성의 꿈을 통해 미래로 시선을 돌리게 했다. 이러한 비전은 상대적인 빈곤감으로 패배주의에 젖어 있던 노원 지역 사람들에게 새로운 희망을 가져다주었다. 비록 문화나 환경은 어쩔 수 없지만 영적인 부분에 있어서는 어디에도 뒤지지 않겠다는 오기를 불러오기에 충분했다.

비전을 설정한 후 그 실행을 위해 다음과 같은 시도를 했다. 먼저 모든 성도들이 한 가지 이상의 사역에 참여하게 한 것이다. 성도들이 이 사역을 통해 즐거움을 맛보게 되었고 직접 사역하면서 평신도 지도자들이 길러지게 되었다. 전 성도들로부터 연초에 사역 신청을 받아 신청된 사역의 현장에서 구체적으로 열매를 맺을 수 있도록 최선을 다했다.

또 구체적으로 '1만 명'이라는 인원이 모여 서울을 주도하자는 비전을 통해 부흥에 대한 열망을 갖게 되었고 전도에 매진하게 되었다. 구체화된

〈2008년 사역 신청서〉

자원하는 마음으로 사역을 신청하여 행복한 2008년을 준비하십시오.
상계교회에는 좋은 일, 신나는 일, 위대한 일이 준비되어 있습니다.

사 역 부	세 부 사 역	비 고
예 배 부	성만찬 사역( ), 사진 사역( ), 영상 사역( ), 음향 사역( ), 예배 프로그램 개발( ), 홈페이지 관리 사역( )	
음 악 부	호산나 3부 성가대( ), 임마누엘 2부 성가대( ), 가브리엘 여선 교회 성가대( ), 미가엘 남성 중창( ), 브니엘 여성 중창( )	
봉 사 부	구제 사역( ), 노인 대학 사역( ), 꽃꽂이 사역( ), 2층 본당 청소( ), 시온 성전 청소( ), 교육관 청소( ), 강대상 청소( ), 선교관 청소( ), 로뎀하우스 청소( ), 본당 1층 화장실 청소( ), 본당 지하 화장실 청소( ), 3층 유아실 청소( ), 화분 및 화단 관리( )	
경 조 부	( )	
관 리 부	전기 관리 사역( ), 냉난방 관리 사역( ), 시설 관리 사역( )	
차량 사역부	차량 운행 사역(9시, 11시, 주일 저녁, 수요일 저녁, 노인 대학), 2부 예배 주차 사역( ), 3부 예배 주차 사역( )	
전 도 부	새 가족 서신 발송 사역( ), 전도 잔치 기획 사역( ), 새 가족 영접 사역( ), 수요일 노방 전도( ), 병원 선교( )	
특수 선교부	미자립 교회 선교( ), 군 선교( ), 해외 선교( ), 방송 선교( ), 문서-책/전도지 작성 선교( )	
교 육 부	유치부 교사( ), 아동 1부 교사( ), 아동 2부 교사( ), 중고등부 교사( ), 장학부 교사( )	
성인 교육부	가정 사역( ), 성경 공부 운영 사역( ), 부부 학교 도우미( )	
기 타	로뎀하우스 운영 사역( ), 영접 사역( )	

지원하기를 희망하는 세부 사역의 괄호 안에 ○를 표시하여 제출해 주십시오.
반드시 한 가지 이상 신청하여 주님의 몸 된 상계교회를 위해 봉사합시다.

위와 같이 2008년 사역을 신청합니다.

20 년 월 일

신청인 ________________ (직분 :)

숫자적 목표는 매우 중요한 동기 유발의 효과를 가져온다. 이에 상계교회는 'Holy Storm 2015'라는 슬로건을 내걸고 2015년까지 1만 명 성도 달성을 위하여 최선을 다해 노력할 것이다.

마지막으로 '인재를 양성해 한국과 세계에 도전을 주는 교회'라는 비전을 통해 교회의 젊은이들에 대한 관심을 증폭시켰다. 그들을 여러 선진국에 보내 견문을 넓히게 하고 우수한 인재를 선발해 장학금을 지원하는 등 인재 양성에 관심이 집중되게 하였다. 이를 위한 장학 사업을 통해 학업 우수자, 불우 학생, 부서별 리더들에게 학기별로 학자금을 지원했고, 아웃리치(outreach)나 단기 선교를 통해 해외에 나가 선진 문화를 체험하도록 하여 지도자 양성에 최선을 다하고 있다.

비전은 그 단체를 이끄는 힘이다. 구체적이고 가시적인 비전을 세워 목적과 비전을 위해 지치지 않고 헌신할 수 있도록 하는 것이 부흥의 최우선이며 가장 중요한 전략이다. '나만의 비전 리메이크'는 나의 목회에서 너무도 큰 선물을 안겨 주었다. 그중 가장 소중했던 선물은 성도들이 비전을 바라보기 시작하면서 교회의 분쟁이 줄어든 것이다. 사람을 바라보면 약점과 단점이 보이고 섭섭함이 드러난다. 그러나 비전을 바라보면 모두가 한 방향으로 나아가게 되어 화평한 교회가 된다. 또 비전이 있으니 모든 구성원이 활력을 가지고 교회에 나오게 된다. 기도의 목표가 있으니 기도에 힘쓰게 되고 그 기도로 능력을 받으니 기쁨으로 헌신하는 복된 일들이 나타나게 되는 것이다.

시스템을 갖추어라

교회 부흥을 위한 비전 리메이크의 완성은 교회의 시스템을 갖추는 것이다. 아무리 좋은 전략도 그것을 실행할 시스템이 없으면 '또 하나의 계획'에 불과하다. 그러므로 부흥할 수밖에 없는 시스템, 기도할 수밖에 없는 시스템, 전도할 수밖에 없는 시스템을 구축해야 한다. 시스템의 위력을 가장 잘 볼 수 있는 곳이 은행의 창구다. 한때 줄을 서지 않고 새치기하는 사람들을 보면서 우리는 '한국 사람은 질서 의식이 없다'고 자조했다. 그러나 은행 안에 설치된 번호표는 우리의 자조를 한방에 날려 버렸다. 대부분의 교회들이 좋은 비전을 설정해 놓고도 부흥하지 못하는 이유는 그것을 실행할 시스템이 없기 때문이다. 시스템이 없으면 찬송가의 가사처럼 애써도 안 되고 힘써도 안 되며 울어도 안 된다. 돌아오는 것은 탈진과 허탈함이다. 이제 부흥의 시스템, 비전 실행의 시스템을 만드는 데 주력해야 한다.

비전 실행과 교회 부흥의 시스템을 구축하되 먼저 예배의 차별화를 시도해야 한다. 한국 교회에는 예배가 많으나 차별화가 되지 않아 '그 예배가 그 예배' 같은 것이 문제다. 다양한 계층을 소화할 수 있고 많은 성도들이 구경꾼이 아닌 참여자가 되게 하는 예배 시스템을 구축하는 것이 중요하다. 교회는 예배로 시작해서 예배로 끝나기 때문이다.

그 다음에는 평신도의 동력화를 추구하는 시스템을 만들어야 한다. 모든 성도가 한 가지 이상의 사역을 감당하게 하며 평신도에게 목회자 마인드를 심어 목회자의 심정을 갖게 해야 한다. 평신도의 시대가 도래하였다. 정보화가 낳은 다양성의 시대에 목회자 혼자 목회를 감당하기는 너무나 힘겹다. 성도들을 구경꾼이 아닌 선수로 만드는 것은 적절한 사역의 시스템이다. 대부분의 교회는 교인들이 청소를 하러 나오지 않는다고 강대상에서 핀잔 아닌 핀잔을 한다. 그러고는 "요즈음 교인들은 봉사할 줄 몰라서 큰일이야!"라고 한마디 덧붙인다. 그러나 그렇지 않다. 구체적으로 어디를 언제 청소해야 할지 알려주는 시스템만 만들어지면 얼마든지 기분 좋게 청소 사역을 할 것이다. 또한 전도하지 않으면 안 되는 시스템을 구축하되 매년 초 태신자를 작정하고 기도하게 하며 전도 잔치를 열어 전도할 기회를 부여해야 한다. 전도를 하지 않으려는 성도는 별로 없다. 할 수 있는 시스템이 필요할 뿐이다. 아울러 지역 사회를 섬기는 시스템을 구축해 노인이나 영세민, 청소년, 어린이를 섬기게 해야 한다. 이 섬김은 예수님의 명령일 뿐 아니라 전도의 씨를 뿌리는 것이다. 지역 사회를 섬기는 일은 교회가 세상을 향해 다가갈 수 있는 남아 있는 몇 안 되는 일 중의 하나다. 대부분의 성도들은 지역 사회를 섬기는 일을 마음속으로 매우 뿌듯해한다. 안 한다고 나무라거나 비판하지 말고 시스템을 만들어 주어야 한다.

양육하여 일꾼을 배출하라

비전 리메이크의 확장과 교회 부흥의 마지막 원리는 양육이다. 평신도를 사역자로 만드는 세 가지 채널은 사역 마인드를 심어 주고 그것을 감당할 능력을 키워 주며 자기의 사역을 성취할 뿐 아니라 또 다른 사역자를 길러 내도록 하는 것이다.

디트리히트 본회퍼는 그의 책 『The Cost of Discipleship』에서 "대다수의 그리스도인들은 믿음은 쉽게 고백하면서도 훈련을 받지 않기에 의의 종이 되지 못한다."며 양육의 중요성을 말했다. 양육을 하면 개인의 영적인 것을 구체적으로 점검하여 충족해 줄 수 있다. 재생산자를 양성해 부흥 공동체를 이룰 수도 있고 교회가 평안해지며 목회자가 존경을 받게 된다. 겁내지 말고 단계별로 한 권의 책을 독파하는 것으로 시작하라. 그렇게 진행하면서 노하우가 생기게 된다. 또 성경 공부를 이끌어 가되 고백, 스킨십, 피드백을 많이 하도록 해야 한다. 반이나 조를 구성하고 임원을 선출해 저절로 지도력이 성장하도록 해야 한다. 이와 같은 과정을 체계적이고 지속적으로 시도해야 한다. 이때 반드시 염두에 두어야 할 것은 그들을 목회자의 제자가 아닌 주님의 제자로 만들어야 진정한 부흥의 사람이 된다는 사실이다.

3장

기도 리메이크

조지 뮬러의 “이 시대는 기도의 빈곤밖에는 빈곤한 것이 없다.”라는 외침이 강력한 폭풍우가 되어 다가오는 시대가 되었다. 왜 한국교회가 사회에 베풀고도 비난 받는 무기력한 공동체가 되었는가? 나는 ‘기도가 부족해서’라고 단언한다. 부산수영로교회 정필도 목사님이 하신 “목회자는 기도의 눈물로 강대상을 채우고 성도는 기도의 눈물로 자기 의자를 채우면 그 교회는 부흥한다.”라는 말씀에 무척 공감이 간다. 기도는 하나님의 자녀 된 우리가 아버지 하나님과 교제하는 특권이다. 하나님은 그 기도라는 채널을 통해 거룩한 능력을 부어 주시고 그 뜻을 드러내신다. 이렇게 볼 때 신앙생활에서 기도보다 더 중요한 것은 없다. 신앙생활은 곧 기도 생활이라고 말해도 좋을 것 같다. 나의 20년 목회 경험으로 보면 기도 소리만큼 교회가 부흥한다. 기도의 회복, 그것이 나의 목회의 중요한 부분이며 부흥의 큰 원동력이었다. 나는 새로운 교회에 부임하면서 비전 설정만큼이나 기도를 재건하는 데 많은 에너지를 쏟았다. 기도의 리메이크는 내가 내밀 수 있는 또 하나의 부흥의 비법이다.

새벽 기도 리메이크

기도의 리메이크는 부흥의 원천과도 같은 새벽 기도의 재건에서부터 시작된다. 한국 교회의 새벽 기도에는 얼마나 많은 신앙 선배들의 눈물과 애절한 함성이 응축되어 있는가! 새벽 기도가 없었던들 오늘날의 한국 교회는 존재할 수 없었을 것이다. 그런데 문제는 이 새벽 기도가 어느덧 노인들만의 기도 모임으로 전락하고 있다는 것이다. 이 새벽 기도를 살리기 위해 다음과 같은 리메이크 작업을 시도했다.

첫째, 부르짖는 기도를 회복하여 기도의 야성을 되찾는 일이었다. 성경에 '부르짖으라'는 말씀이 얼마나 많이 나오며 부르짖음으로 변화된 인생이 얼마나 많이 등장하는가!

"너는 내게 부르짖으라 내가 네게 응답하겠고 네가 알지 못하는 크고 은밀한 일을 네게 보이리라(예레미야 33:3)."

신앙의 3대 원리는 믿어 구원 받고, 부르짖어 능력 받으며, 봉사하여 축복을 누리는 것이다. 그중에 부르짖는 것은 신앙의 허리와 같은데 그 부분이 약해지니 교회의 체질 전체가 약해지는 것이다. 그래서 새벽에 지도자들이 먼저 나와 부르짖어 기도하게 했다. 이 부르짖음이 전염되어 기도하는 이들의 가슴이 뜨거워졌고, 가슴이 뜨거워지자 거룩한 역사들이 나타나기 시작했다. 기도를 통해 성령의 일하심이 나타나자 새벽 기도가 소문이 나게 되고, 소문이 나자 모이는 사람의 수가 늘어나게 되었다. 30명으로 시작한 새벽 기도가 금세 200명으로 늘어났고, 특별 새벽 기도에는 500명 이상이 모이게 되었다. 분명한 것은 부르짖는 기도의 회복이 우리의 영성을 깨우고 가슴에 있는 영적인 야성을 깨운다는 것이다.

둘째, 새벽 기도의 메시지에 충실을 기하였다. 새벽 기도 메시지의 기준은 성경에 충실하고 균형미가 있으며 열정적이어야 한다는 것이다. 담임목사가 신약을 맡으면 부목사들은 구약을 강해하여 균형을 이루었으며, 성경을 정하거나 어떤 주제를 가지고 연결성 있는 메시지를 전했다. 연결성 있는 메시지는 날마다 새로운 메시지에 대한 기대감으로 이튿날 새벽을 깨우게 되어 있다. 그러므로 주일 낮 설교만큼 새벽 설교에 심혈을 기울여야 한다. 늘 바빠서 성경 공부 모임을 갖기 힘든 이 시대에 메시지를 충분히 잘 준비하여 전달하면 제자 훈련의 효과도 기대할 수 있는 것이다.

셋째, 새벽 기도 시스템을 만들었다. 기도할 수 있는 여건과 시스템을 만들어 저절로 기도의 자리에 나오게 해야 한다. 그 방법으로 새벽 기도를 1부 5시, 2부 6시 이렇게 두 번 드렸다. 의외로 반응이 좋아 새벽 기도에 용기를 내지 못했던 사람들과 남자들이 6시에 나오면서 새벽 기도자들이 늘어나게 되었다. 특별 기도회 때는 오전 9시 30분에 3부를 만들어 아기 엄마들과 연로한 노인들이 기도하게 하였더니, 그 시간에도 수십 명이 몰려왔다. 또 매월 첫째 주를 전 교인 새벽 기도회 주간으로 정해 대표 기도와 특송을 준비하게 했다. 그러다 보니 순서를 감당하기 위해서라도 기도회에 나오게 되고, 나와서 은혜를 받으니 계속 기도하는 자가 되는 것이다. '한 주간'이라는 시간이 도전해 볼 만한 시간으로 느껴져 한 주간, 또 한 주간 하다가 기도의 맛을 알게 되는 사람이 늘어났다. 이 한 주간에는 담임 목사가 인도하면서 힘을 다해 안수하며 축복해 주어야 한다. 또 하나는 가을철에 있는 40일 특별 새벽 기도회이다. 3부로 진행되며 테마가 있는 기도회를 갖는다. '목적이 이끄는 40일 새벽 기도', '기드온 300 용사 기도 퍼레이드', '제자입니까', '보혈의 능력으로 형통을 이루라' 등 해마다 최선을 다해 준비하고 진행한다. 올해는 조용기 목사님의 '4차원의 영성'을 주제로 하여 진행하였는데 실로 뜨거운 성령의 능력을 체험하는 시간이었다. 테마를 결정하는 데만 심혈을 기울이는 것이 아니라 매일 기도회 자료도 나누어 주고 보관하게 하며 출석 확인도 하여 성도들로 하여금 성장감과 성취감을 느낄 수 있도록 한다. 또 2부(6시)에는 아침 식사를 준비해서 출근자들과 학생들을 대접하기도 한다. 기도회 마지막 날에는 힘껏 헌금을 하게 해서 지역을 섬기거나 구제 장학 헌금으로 사용하였다. 이 40일 특별 기도회를 위해서는 목회자가 먼저 금식하고 기도하며 준비해야 한다. 그리고 주일 설교 등 기회가 있을 때마다 기도의 중요성과 의미를 강조해 한 달 전부터 분위기를 만들어야 한다.

중보 기도 리메이크

중보 기도는 하늘 보좌를 움직이는 것이며 세계를 다스리는 힘을 지니고 있다. 또 하나님이 참으로 기뻐하시는 기도이다. 이러한 중보 기도의 활성화는 교인들 간에 영적으로 애정과 사랑을 나누게 하는 참으로 복된 도구이다. 문제는 복된 줄은 아는데 어떻게 시작할지를 몰라 시도하지 못하는 것이다.

상계교회에 부임한 나는 사용되지 않는 곳 중에서 적합한 곳을 찾아 중보 기도실로 꾸몄다. 그리고 중보 기도 학교를 열어 중보 기도대를 만들었다. 70명의 지원자들을 데리고 8주에 걸쳐 교육을 했다. 교육을 통해 중보 기도의 중요성을 알게 되었고 자연스럽게 새벽 기도회로 인도해 기도의 능력을 길러 주었다. 그리고 주일 저녁 예배 시에 성대하게 중보 기도대 발대식을 가졌다. 성도들 앞에서 소개해야 본인도 사명감을 갖게 되고 성도들이 그들에게 주저없이 기도를 부탁할 때 중보 기도대가 활성화되기 때문이다. 그리고 교회 곳곳에 중보 기도 신청함을 만들고 사역 임원들이 관리하게 했다. 70명이 주일 중에 한 시간을 감당하게 했고 예배와 목회자를 위해 기도하는 시간을 가졌다. 그리하여 늘 교회에는 기도 소리가 있게 되었고 예배 전에 30분간 나와서 기도의 함성을 지르니 저녁 예배도 뜨거워지는 일석이조의 역사가 나타났다. 그런데 어느 정도 시간이 지나면 소원해지는 사람들이 있으므로 재충전을 위해 다시 교육해야 하며, 저녁 예배 시 중보 기도를 통해 받은 은혜를 나누는 간증 축제도 마련해야 한다. 이렇게 하면 반드시 시너지 효과가 발생하고 중보 기도 대원으로 지원하는 자들도 나타난다.

또 하나의 중요한 중보 기도는 바로 '치유를 위한 중보 기도'다. 교우 중에 영적으로 잘 훈련되고 치유의 은사가 있는 자들을 세워 영육이 병든 자를 위해 기도하게 하는 것이다. 그리하여 매주 월요일, 화요일, 목요일 오전 11시에 기도를 받게 했는데 참으로 놀라운 일이 많이 일어났다. 많은 성령이 치유되는 역사가 나타났으며 동시에 성도들의 속에 있는 문제들이 드러나고 이를 함께 아파해 주는 사랑의 역사가 일어났다. 대개 목회자들은 한 사람에게 집중적으로 매달릴 수가 없는데 이 치유 중보 기도 시간을 만들어 놓으니 스스로 나와서 기도 받고 일어나게 되어 목회자들의 짐도 많이 덜어 주었다.

기도 대원의 정예화를 통한 기도 리메이크

상계교회에는 요즈음 두 가지 특별한 기도회가 진행 중이다. 하나는 500일 저녁 릴레이 기도다. '상계교회가 2007년을 기점으로 한국 교회 제 2의 부흥의 진원지가 되게 하소서!'라는 주제를 가지고 시작한 이 기도는 2007년 한국 교회 부흥을 위해 기도하는 구국 기도요, 한국 교회를 세우는 기도 운동이다. 중간에 100일, 200일 저녁에는 전체 교우들이 모여 기도 축제를 벌이며 기도의 동력을 부여한다. 평신도 리더들에게도 저녁 기도회를 인도할 기회를 주어 기도의 지도자로 성장할 기회를 주기도 한다.

또 하나는 '30인 기도 정병단' 운동이다. 기도를 위해 목숨을 걸 30명을 모집하여 기도의 은사가 있는 여자 장로님에게 단장을 맡기고 인도하게 했다. '새벽 기도를 통해서는 능력을, 저녁 기도회를 통해서는 축복을 받겠노라.'며 기도에 목숨을 걸었다. 기도의 은사가 있는 자들이 최선을 다해 기도하자 교회가 평안해지고 교인들 가정에 놀라운 일이 일어났으며 무엇보다도 목회의 길이 평탄해지는 축복이 나타났다. 거기에 기도의 리더들이 성장해 가는 축복도 덤으로 나타났다.

교회 부흥은 기도의 열매일 뿐이다. 부흥을 위해 기도하지 말고 기도를 위해 기도하면 부흥은 저절로 따라온다. 현재 각 교회마다 기도의 사역들을 리메이크하여 새롭게 하면 기도의 불길이 일어날 것이고 그러면 부흥과 축복은 저절로 따라오게 되어 있다.

여기에 상계교회 가족들의 기도 간증을 소개한다.

새벽 기도의 축복

할렐루야! 살아 계신 하나님께 모든 영광을 돌립니다.

평소 몸을 혹사시킨 탓인지 건강이 나빠져 7월에 접어들면서 무기력한 상태에 빠졌습니다. 그때 뜻하지 않은 일이 생겨 마음까지 몹시 힘들었습니다. 그 후유증으로 인해 가슴이 두근거리며 답답한 증상이 생긴 것 같습니다. 처음에는 두근거리기만 했는데 점점 심해져 가슴이 답답해지기 시작했습니다. 7월 중순경부터는 낮에는 그리 심하지 않다가 밤에 잠을 잘 때면 어떤 무거운 것이 가슴을 짓눌러서 깨어 보면 온몸이 식은땀에 젖어 있었습니다. 그리고 무엇보다도 가슴이 답답한 것이 너무도 고통스럽고 견디기 힘들었습니다. 그럴 때마다 주먹으로 가슴을 세차게 치면 간신히 가라앉곤 했습니다.

그러던 중 8월 1일 서길원 목사님께서 저희 교회에 부임하셨습니다. 주일 밤 설교 때 "과거는 무조건 감사하고 미래는 무조건 꿈꾸라."라는 말씀을 하셨는데 그 말씀이 마음에 강하게 와 닿았습니다. 새벽 기도회 때 그 말씀을 붙잡고 기도를 했습니다.

'아버지 하나님, 어떻게 하면 제가 무조건 감사하며 살 수 있을까요? 무조건 감사하게 해주세요. 이대로는 안 되겠습니다.'

하나님께 부르짖고 통곡하며 감사하지 못했던 일들을 회개했고, 형제를 사랑하지 않고 이해하지 못한 것을 눈물로 호소했습니다. 그러자 갑자기 목에서 무언가 뭉클 하고 나오는 것을 느꼈습니다. 그때 비로소 가슴이 뻥 뚫린 듯 시원함을 느껴 더욱 힘 있게 기도를 드렸습니다.

‘하나님, 제 영혼을 축복해 주세요. 그리고 연약한 몸과 마음이 축복 받게 해주세요. 하나님의 음성을 듣게 해주세요!’

이렇게 기도하자 주님께서 제 마음에 확신을 주셨습니다. 강단에서 목사님을 통해 주시는 말씀이 곧 주님의 음성이며, 그 말씀이 선포될 때 무조건 듣고 순종하여 바로 실천에 옮기는 것이 축복 받는 길이라고 말입니다.

그 일 이후 가슴의 두근거림과 답답함이 깨끗이 치료되었습니다. 제가 염려하고 걱정했던 것들이 한순간에 사라지고 기쁨이 충만해졌습니다. 할렐루야!

이런 일들을 경험하게 하시고 주님께 더 가까이 서게 하신 하나님께 감사와 영광을 돌립니다.

– 서예분 권사

"주님! 너무 감사합니다."(40일 새벽 기도 간증)

1. 제가 받은 은혜는 이렇습니다.

(1) 전도할 수 있는 자신감이 생겼습니다.

(2) 믿음으로 간구한 기도의 응답을 받았습니다.

① 교회 학교가 부흥하고 있습니다.

② 5-2반 출석률이 기도 전에는 30%였는데 기도 후 90~100%로 늘었습니다.

③ 주일 예배를 드리는 아이들의 모습이 산만 그 자체였는데 요즘은 자세도 바르고 많이 조용해졌습니다.

(3) 방언 기도를 할 수 있게 되었습니다.

(4) 예배 시간마다 은혜를 흡족히 받고 있습니다.

(5) 자유 기도 시간이 하루 일과 중 가장 행복합니다.

(6) 비록 남편이 교회 출석은 안 하지만 제가 교회에 나가는 것에 적극 협조해 주고 있습니다. 열심히 주님의 일을 하라고 격려해 주는 남편의 모습이 가장 큰 변화이자 축복이라 믿고 있습니다.

2. 이렇게 결심합니다.

(1) ○○○ 권사님처럼 전도 사역자가 되겠습니다.

(2) 십일조와 성미를 잘하겠습니다.

(3) 지역장, 교회 학교 교사, 목자, 이 모든 일을 부족하지만 열심히 하겠습니다.

— 이연숙 집사

무서웠던 새벽 기도가……

할렐루야!

저는 1차 특별 새벽 기도에 실패했습니다. 이번에는 완주하리라 다짐을 해도 새벽에 집을 나서면 검은 그림자의 환영이 무서워 포기하고 싶을 때가 많았습니다. 그럴 때마다 '예수의 피, 예수의 피' 하면서 교회로 향했습니다.

어느 날인가부터 항상 반갑게 맞아 주시던 친정 엄마가 저를 매몰차게 대하시기 시작했습니다. 물질적, 금전적으로 힘든 이 상황에 감사할 마음이 생기냐고 하시면서 말입니다. 그래도 건강한 아이들과 함께할 수 있는 삶을 감사하며 기도했습니다. 주님은 훈련이 필요하므로 인내하며 기다리라고 하셨습니다. 그래서 저는 더욱 열심히 기도했습니다.

'친정 가족을 구원해 주세요.'

'남편이 건강한 모습으로 깨닫고 돌아오게 해주세요.'

이렇게 계속 새벽 기도를 하자 놀랍게도 은혜가 있고 담대해지면서 삶이 달라졌습니다. 나는 당당히 말할 수 있습니다.

"새벽 기도가 나의 삶을 바꾸어 놓았습니다. 주님이 역사하십니다."

저에게도 이제 희망이 생기고 도전이 생겼으며 의욕이 넘치고 있습니다. 항상 기쁜 마음으로 사니 얼마나 감사한지 눈물이 저절로 나옵니다. 주님은 살아 계십니다. 계속 우리에게 깨달음을 주십니다. 삶이 다하는 날까지 매일 주님께 달려가 새벽 기도를 드리리라 다짐합니다. 이제 저의 생각이 아닌 주님의 생각으로 살겠습니다. 우리 상계교회에 새 성도들이 많이 와서 말씀의 복음을 전할 수 있기를 주님께 날마다 기도합니다.

– 한애경 권사

나의 생활 패턴을 바꾼 목적이 이끄는 40일 새벽 기도

40일 특별 새벽 기도를 하기 전의 삶은 어떠했나요?

세상 속에서 바쁜 나날을 보내며 주일을 지켜 기도하는 것으로 위안을 삼았습니다. 은혜 받기만을 바라며 습관적으로 교회에 다니는 목적 없는 삶을 살았습니다. 그저 하루하루 배가 고프면 밥을 먹고 졸리면 잠을 자는 그런 생활이었습니다.

40일 특별 새벽 기도가 필요하다고 느끼게 된 동기는 무엇입니까?

가족과 주고받은 상처들을 치유하려 해도 나의 의지만으로는 해결하지 못했습니다. 사업장에도 환난이 계속되었지만 그것을 극복할 수 있는 존재는 나 자신도, 가족도, 동료도 아니었습니다. 오직 주님의 주관하심으로 모든 것이 이루어진다는 것을 깨달으면서 태어나서 처음으로 새벽 기도에 참석해 기도하게 되었습니다.

40일 특별 새벽 기도에 참여하면서 무엇을 느꼈습니까?

처음 시작할 때는 일찍 일어나서 기도하는 것이 무척 힘들었는데 일주일이 지나고 또 열흘이 지나면서 새벽 기도가 기쁨이 되었고 더욱더 강건한 마음으로 힘차게 예배를 드렸습니다.

40일 특별 새벽 기도를 통해 받은 응답과 역사는 무엇입니까?

그저 막연하게 영혼 구원의 하나님으로만 알던 내가 하나님 말씀에 귀를 기울이고 진정으로 가슴에 새기면서 그 말씀대로 행하는 모습으로 변화되었습니다.

나를 아프게 하는 사람들에 대해 '너도 똑같이 아파야 한다.'라고 생각했었는데, 이제는 하나님이 하신 것처럼 용서하고 사랑하는 마음으로 보게 되었고 그들을 위해 기도하기 시작했습니다. 또 하나님의 말씀을 가족과 주변 사람들에게 전하고 영혼 구원뿐만 아니라 하늘나라에서 상급을 받을 수 있는 믿음으로 사역할 수 있게 하나님의 말씀인 성경을 공부하려고 합니다.

태어나기 전부터 지금까지 모든 것을 주관하시는 하나님! 우리를 사랑하기에 만드셨고, 독생자 예수님의 보혈의 피로써 죄를 사하여 주신 영혼 구원의 하나님! 감사합니다. 예수님을 닮아 가며 예배드리고 말씀 안에서 승리하는 역사가 이루어지는 것을 영원히 믿겠습니다.

새벽 기도를 통해 하나님의 말씀을 전해 주신 목사님께 감사드리며, 영육 간에 강건함을 얻어 상계교회가 한국 교회 제2의 부흥의 진원지가 되기를 기도합니다.

– 어느 성도의 고백

4장

전도 리메이크

교회 부흥의 가장 큰 요소는 전도다. 특히 주님의 지상 명령(마태복음 28:18~20)을 수행하는 바람직한 교회가 되기 위해서도 전도는 필수적이다. 그런데 문제는 많은 교회들이 이러한 전도의 중요성을 알고는 있지만 성공하지 못하고 있다는 것이다. 왜 그럴까?

그 첫 번째 이유는 물질의 풍요와 주 5일 근무제 같은 사회의 변화에 교회가 대처하지 못했기 때문이다. 그 결과 사회에 실망을 안겨 주었고 더 이상 지도력을 발휘할 수 없게 되었다. 에디 깁스는 그의 책 『Next Church』(교회성장연구소, 2003)에서 이렇게 말했다.

"모든 교회가 잠재적으로 한 세대 이전에 멸종될 가능성이 있다. 10년 전만 해도 젊은이들이 교회는 부정해도 예수님에 대해서는 받아들였다. 그러나 지금 많은 젊은이들은 더 이상 예수님이 그 중심의 자리에 없는 인본

주의적 영성을 추구한다."

이보다 더 무서운 것은 요즈음 모 부서 장관으로 임명된 어느 정치인이 한 "교회는 예수님이 싫어하는 일만 한다. 교회는 절망적이다."라는 이야기다.

두 번째 이유는 우리의 패배주의 때문이다. '이 시대에는 전도가 안 된다. 노방 전도는 끝났다.'는 식의 사고로는 아무것도 할 수 없다. 패배 의식을 가지면 어느 분야에서든 한 발짝도 앞으로 나아갈 수 없다. 그러므로 전도를 시작하기 위해서는 먼저 패배 의식과 싸워 이겨야 한다. 어느 시대, 어느 상황이든 전도가 쉬웠던 적은 없었다. 그러나 믿음의 사람들은 싸워 이겼다. 아무리 어려워도 초대 교회의 상황보다는 낫지 않은가! 로마 시대의 핍박 중에도 복음은 전해져서 결국 로마가 기독교를 국교로 삼지 않았는가!

세 번째 이유는 교회가 실제적으로 전도를 하지 않기 때문이다. 전도를 잘하는 가장 좋은 방법은 전도를 해보는 것이다. 실습보다 더 큰 교육은 없다. 처음부터 잘할 수 있는 사람은 많지 않다. 어느 프로그램이든, 노방 전도든, 관계 전도든 일단 시도해 보아야 하는데 시도조차 하지 않고 못하겠다고 포기하니 전도가 불가능해지는 것이다.

어느 상황, 어느 여건이든 어려움을 이기고 전도해야 한다. 전도 없는 교회 부흥은 불가능하기 때문이다. 전도는 선택이 아니라 필수다. 우리의 생존을 위협하는 중차대한 일이다. 전도가 되지 않는다고, 듣는 사람이 없다고 해서 넋 놓고 뒷짐 질 여력이 우리에게는 없다. 시대가 분명히 바뀌었기에 이 시대에 맞는 전도법을 개발해 전도를 잘하는 교회로 거듭나야 한다. 전도 리메이크는 이 시대의 교회에 주어진 가장 시급한 명령이다.

그렇다면 어떻게 전도를 리메이크해야 하는가? 이제 전도 리메이크의 원칙을 소개하겠다.

전도 리메이크의 6대 원칙

제1의 원칙 - 교회의 초점을 영혼 구원에 맞추라

전도를 잘하는 교회와 성도를 양성하려면 교회 성장에 관심을 갖지 말고 영혼 구원에 관심을 가져야 한다. 전도는 영혼 구원이지 교회 성장 운동이 아니다. 교회 성장 운동이 되어 버리니 생명력도 없고 성도들의 일이 아닌 목회자들의 일이 되고 말았다. 영혼을 구원하고 그 일을 위해 힘쓰면 교회 부흥은 선물로 주어지는 것이다. 같은 말이 아니냐고 반문할지 모르지만 주님 편에서 보시기에는 매우 다른 대목이다.

구령열이 없는 전도는 성공할 수 없다. 영혼 구원이기에 주님은 전도하는 자에게 전권을 위임하시고 권세까지 부여하셨던 것이다(마가복음 16:15 이하, 요한복음 14:12). 그러므로 교회의 모든 설교와 성경 공부의 결론은 영혼 구원에 맞추어져야 한다. 설교의 최종적인 결론도, 성경 공부를 하는 이유도, 돈을 버는 이유도, 성공해야 하는 이유도 모두 영혼 구원이어야 한다. 이 대목이 확실하지 않으면 이기적인 성도, 구경꾼인 성도를 양성하게 된다. 그러나 영혼 구원에 대한 열정에 사로잡히게 하면 절대로 땅에 얽매이지 않고 영생을 바로 보는 거룩한 백성이 될 수 있다.

제2의 원칙 - 전도의 축복을 알게 하라

전도에는 놀라운 축복이 숨어 있다. 사도행전 8장을 보면 예루살렘에서 믿는 자들이 핍박을 받을 때 사마리아로 피신 간 빌립 집사 일행의 전도 이야기가 나온다. 많은 불평이 있을 수 있는 시간이었지만 그들은 거기에서도 전도를 했다. 그로 인해 네 가지 축복이 나타나게 된다.

첫 번째로 사마리아 성에 있는 병자들이 치유되고 그 도성에 있는 귀신들이 물러감으로써 그 도시 사람들이 살게 되었고, 무엇보다도 실망에 빠질 수 있었던 빌립 집사 일행이 영적으로 소생하는 역사가 일어났다. 전도의 가장 큰 축복은 나도 살고 남도 사는 생명의 축복이다.

두 번째로 하늘의 능력을 체험하게 된다. 기도로도 성령의 능력을 체험하지만 전도의 현장, 선교의 현장에서 훨씬 많은 기름 부으심과 만지심을 통해 신령한 역사가 나타난다. 하나님이 살아 계심을 가장 강하게 직접적으로 체험할 수 있는 것이 전도다.

세 번째로 한 도시가 기뻐지는 역사가 나타난다.

"그 성에 큰 기쁨이 있더라(사도행전 8:8)."

주의 말씀이 선포되니 도시의 정신세계가 달라지고, 주의 백성들이 나타나니 악한 영들이 떠나 온전한 세계가 이루어지면서 기쁜 일들이 나타나게 되는 것이다. 20년간의 목회를 돌아보니 전도하여 교회가 부흥하면 그 지역에 좋은 일이 많이 일어나는 것을 볼 수 있었다. 전도는 지역을 축복하는 운동이다.

네 번째로 우리가 사역자가 되는 축복이 있다. 우리는 부모님을 통해 첫 번째의 탄생을 경험하게 되고, 예수님을 믿음으로써 하나님의 자녀로 거듭나 영생을 얻게 된다. 그러나 여기서 멈추면 안 된다. 사역을 해야 하늘의 신령한 은혜와 땅의 형통의 축복을 누려 세상에 하나님 나라를 확장하는 삶을 살 수 있다. 믿어 구원 받는 것은 학교의 졸업장이고 사역하여 상급을 받는 것은 졸업 시 상장을 받는 것과 같다. 이 세 번째 탄생의 관문이 바로 전도를 통한 영적 자녀의 출산이다. 우리가 어른이 되는 최고의 길은 자녀를 출산해 양육하는 것이다. 자녀를 출산하면 부모님의 마음을 알게 되고 그들을 양육하면서 하나님의 마음을 알게 된다.

제3의 원칙 - 노방 전도를 통해 전도의 전투력과 야성을 키우라

복음화율이 20%가 넘으면 노방 전도가 잘 안 된다고들 한다. 맞는 이야기다. 그러나 나는 노방 전도를 해야 한다고 굳게 믿는다. 두 가지 이유 때문인데 하나는 우리 생각과 다르게 전도를 기다리는 갈급한 영혼들이 있다는 사실이다. 노방 전도를 하고 돌아온 성도들은 한결같이 "안 될 것 같았는데 기다린 사람처럼 우리의 전도를 받아들였습니다."라고 고백한다. 사람은 영적인 존재이기에 육신과 달리 영혼은 주님의 복음을 기다리고 있는 것이다. 그러므로 꾸준히 노방 전도를 해야 한다.

또 한 가지 이유는 노방 전도가 전도의 현장에 나간 성도들에게 영적인 야성을 키워 주기 때문이다. 총동원 전도 주일을 지키고 나면 던져지는 질문이 있다.

'이들 중에 몇 명이나 등록하여 교인이 될까? 또 그것이 여기에 쓰인 돈이나 인력보다 가치 있는 일일까?'

처음에는 나 역시도 갈등했다. 그러나 시간이 지나면서 보이지 않는 축복을 받게 되었고 노방 전도를 하면서 우리도 모르는 사이에 성도들의 영적인 전투력과 야성이 회복되고 강해지는 것을 알게 되었다. 한국 교회의 가장 큰 문제는 성도들의 야성이 없는 것이다. 성경은 하나님의 자녀들을 가리켜 '정글의 왕 사자' 라고 불렀다.

"유다는 사자 새끼로다 내 아들아 너는 움킨 것을 찢고 올라갔도다 그가 엎드리고 웅크림이 수사자 같고 암사자 같으니 누가 그를 범할 수 있으랴(창세기 49:9)."

사자의 위용은 얼마나 대단한가! 그가 물으면 다 그의 것이고 그가 밟으면 다 그의 땅이 아닌가! 그런데 동물원에 갇힌 사자를 보라. 야성을 잃고 길들여진 사자는 집 안의 강아지와 다를 바가 없다. 단순한 구경거리에 불과하다.

전능하신 하나님의 영인 성령을 모시는 우리 역시도 그분 때문에 사자와 같은 존재들이다. 그러나 야성을 잃고 교회 안에만 갇혀 편안히 먹고 욕구나 채우는 존재로 전락하면 세상의 구경거리가 되고 비난의 대상이 되는 것이다. 이것이 바로 오늘날 한국 교회의 모습이 아닐까 하는 의구심을 떨쳐버릴 수가 없다. 잃어버린 야성을 회복해야 한다. 이를 위해 가장 좋은 방법이 노방 전도다. 노방 전도를 하면 나의 복음이 분명해지고 내가 믿는 복음이 자랑스러워진다. 불신자들과 만나면서 담대해지고 강인해진다. 이런 면에서 노방 전도는 축복이다. 노방 전도의 회복이 전도의 회복을 위한 아주 중요한 관건이다.

노방 전도가 가능하게 하려면 첫째, 교회의 사정에 맞추어 시간과 장소를 정해야 한다. 같은 장소에 같은 팀을 계속 보내면 시간이 지나면서 안면을 익혀 많은 장점이 나타난다.

둘째, 전도를 나가기 전에 모여서 함께 찬송하고 말씀을 듣고 기도하며 영적인 담대함을 가져야 한다. 구호를 정해 외치는 것도 좋다.

셋째, 효과적인 노방 전도를 위해 전도의 경험이나 전도의 은사가 있는 이들과 그렇지 못한 이들을 조합해 팀을 잘 구성해야 한다.

넷째, 여러 가지 방법을 시도해야 한다. 단순히 전도지를 나누어 주는 것에서 탈피하라. 아침 출근 시간 차 전도, 놀이터 전도, 사거리 부침개 전도, 노인정 전도, 예비군 훈련장 전도, 등산길 전도, 운동 모임 전도 등 조금만 생각을 바꾸면 많은 방법이 보인다.

다섯째, 노방 전도 후 반드시 함께 모여 노방 전도를 통해 받은 은혜를 나누어야 한다. 은혜로 충만하면 지치지 않으며 다른 사람들이 받은 은혜를 나누면서 그 은혜를 공유하게 된다. 이 모임을 통해 처음 노방 전도에 나온 자를 격려해 주는 일도 매우 중요하다.

제4의 원칙 - 관계 전도로 나아가라

기독교 선교 역사가 증언하는 바에 따르면 복음화율이 20퍼센트가 넘으면 노방 전도를 넘어서 관계 전도로 나아가는 시대가 열린다고 한다. 복음을 듣지 못해서 교회에 나오지 않는 것이 아니라 복음적인 삶을 제대로 보지 못하였기에 교회에 나오지 않는 것이다. 이를 극복하는 최고의 방법이 관계 전도다.

관계 전도란 마음의 밭을 옥토로 만들고 거기에 복음의 씨를 뿌리는 방법이다. 성경에 나오는 씨 뿌리는 비유를 보라(누가복음 8장). 씨가 아니라 밭이 문제임을 알 수 있다. 이 시대의 전도는 관계 전도를 통해 옥토를 만들고 구원의 도리를 전하는 방법을 택해야 한다. 그렇다면 어떻게 관계 전도를 해야 하는가?

첫째로 가장 우선적인 일은 교회의 이미지 쇄신이다. 지역을 섬기는 교회, 자녀를 잘 양육하는 교회, 따뜻한 교회, 치유가 있는 교회 등 좋은 이미지가 있어야 한다. 이를 위해 전문가에게 컨설팅을 받거나 교우들에게 설문조사를 하여 부족한 것을 보완하는 노력이 필요하다. 현대인들은 교회가 지역을 섬겨 주기를 간절히 기대하는 것 같다. 아무런 도움도 받지 못하는 자들에게 교회가 도움의 손길을 뻗는다면 지역 주민들의 마음이 교회에 대해 우호적으로 바뀔 것이다. 여기서 한 가지 제언하고 싶은 것은 교회가 하는 일들이 적당히 알려져야 한다는 것이다. '오른손이 하는 것을 왼손이 모르게 하라(마태복음 6:3).'라는 말씀 때문에 교회들이 많은 일을 하고도 알리지 않았다. 그리하여 교회는 지역 사회를 섬길 줄 모르는 '욕심 충만한 단체'라는 인식이 사회에 퍼져 있다. 이제 자랑이 아닌 전도를 위해 교회가 하는 일을 지혜롭게 알릴 필요가 있다.

청양교회에서 목회할 때 '하늘나라 프로젝트'라는 프로그램을 운영한 적이 있다. 그 프로그램은 마태복음 25장의 달란트 비유를 응용해 지역 사회를 섬기는 구제 프로그램이었다. 어느 권사님의 500만 원 선교 헌금을 가지고 5만 원, 2만 원, 1만 원이 들어 있는 봉투를 만들었다. 주일 설교 후에 자발적으로 봉투를 선택하게 하고 그것으로 한 달간 사업을 하여 원금과 잉여금으로 지역의 어려운 사람들을 돕게 하는 것이다. 갖가지 아이디어를 내서 한 달간 온 교우들이 열심히 사업을 하였다. 나중에 모아 보니 1,500

만 원이 되었다. 이 돈을 가져올 때 봉투에 '내가 돕고 싶은 지역민과 그 사연'을 써서 내게 하였다. 그 사연을 선교 위원회에서 심사하여 가능하면 그들이 원하는 대로 도왔다.

이 프로젝트를 운영하면서 몇 가지의 축복이 있었다. 먼저 교인들의 적극성이 키워졌다. "앞으로 사업을 해도 잘할 것 같아요."라고 말하는 집사님도 있었다. 또 교인들이 지역을 생각하며 거룩한 부담감으로 기도하는 마음을 갖게 되었다. 마지막으로 가장 큰 수확은 교회에 대한 이미지 쇄신이었다. 싸우고 욕심부리는 교회가 아니라 '진심으로 지역민을 돕기 위해 노력하는 교회!'라는 이미지를 심게 되었다.

또 다른 프로그램으로 '지역민과 함께하는 크리스마스'라는 모토 아래 성도들 가정에 있는 동전을 모아 전 지역민들에게 목도리와 카드를 전달하는 행사를 가졌다. 크리스마스이브에 교회가 아닌 지역민들을 찾아가는 것으로, 산타 복장을 하고 4인 1조로 읍내 전체를 돌게 했다. 반응은 가히 폭발적이었다. 목도리가 필요해서가 아니라 청양교회가 지역을 섬긴다는 것에 대한 반응이었다.

"태어나서 처음으로 교회의 선물을 받았습니다."

"저는 교회에 나가지도 않는데 이런 선물을 보내십니까? 이번 목사님은 무언가 다른 분 같습니다."

많은 지역민들이 교회로 전화를 하여 이렇게 말했다. 그 행사에 이어 읍내 한복판에 성탄 트리를 세우고 지역 기관장들과 함께 점등식을 거행했다. 점등식 전에 유치원생들을 천사로 분장시키고 꽃마차를 만들었으며 군악대를 초청해 시가행진을 하며 성탄절을 알렸다. 또 화려한 불꽃놀이를 준비해 흥을 돋우고 마지막으로 지역민 중 어려운 이들을 위한 구제비를 기관장에게 전달하는 시간을 가졌다.

청양 교회에서는 지방이라 자녀 교육에 대한 걱정이 많은 것에 착안해 지역 청소년들을 모아 서울의 명문 대학 비전 트립을 실시했고, 교회에 공부방을 개설했다. 이렇게 공부를 하게 하는 교회의 이미지를 만들어 '청양교회에 나가야 공부를 잘한다!'라는 소문이 날 정도의 효과를 가져왔다.

마지막으로 지역민의 23.5퍼센트를 차지하는 65세 이상 노인들을 위해 노인 대학을 열어 지역 노인들을 섬기기 시작했다. 토요일마다 특강을 하고 건강 검진을 실시했으며 율동, 한글, 종이접기, 춤 등을 가르쳤다. 마지막에는 담임 목사가 직접 나가서 '하나님'이라는 단어만 빼고 부흥회와 같이 재미있고 유익한 말씀을 전했다. 그런 후에 여선교회 회원들이 정성껏 마련한 점심을 대접했다. 야유회도 여러 번 갔지만 결정적인 것은 제주도 효도 여행이었다. 매우 긴장되었으나 그 소문이 군 전체에 퍼져 저절로 전도의 문이 열리는 축복이 따라왔다.

둘째, 주변에 있는 불신자를 찾아보아야 한다. 관계 전도이기에 멀리 있는 사람이 아닌 주변에 있는 불신자들에게 카드를 주고 적게 한다. 주일 설교 후에나 소그룹 모임에서 구체적으로 적게 한다. 가능성이 있든 없든 모두 적는 것이 중요하다.

셋째, 일주일 동안 기도하게 하고 그중 3명을 정해 섬기게 한다. 전도는 영적 싸움이기에 기도하지 않고는 열정이 생기지 않으며 마귀의 방해를 받아 실패하기 십상이다. 특별 새벽 기도회를 통해 힘껏 기도하게 한 후 그중에 하나님이 특별한 마음을 주시는 3명을 택해 섬기기를 시작하는 것이다. 여기서도 물론 전도의 짝과 함께 3명의 대상자를 나누고 함께 기도하며 섬겨 전도의 목적을 달성해야 한다. 얼마만큼 기도해야 하는가? 전도 대상자의 마음이 내 마음에 전달될 때까지 기도해야 한다. 인간은 영적인 존재며 또한 하나님이 우리의 기도를 들어주시기에 영적인 교통이 일어난다.

넷째, 섬기되 웃어 주고 칭찬하며 들어주고 나누어 주며 섬겨야 한다. 두 달 동안 집중하여 섬기되 한 사람을 매주 한 시간씩 섬기는 것이다. 여기서는 집중력의 원리가 매우 중요함을 강조하는 바이다. 섬기되 '웃음'부터 선사하라. 의외로 나를 위해 웃어 주는 사람이 적다. 엘리베이터나 가게 등에서 만날 때마다 웃어 주며 따뜻하게 인사해야 한다. 계속되는 웃음 인사는 결국 말문을 열게 한다. 바로 그때 써야 할 방법이 칭찬하는 것이다. 칭찬은 고래도 춤추게 한다고 했고, 인간관계의 보약이라고도 했다. 칭찬이 싫은 사람은 아무도 없다.

그런데 중요한 것은 칭찬의 기술이다. 먼저 칭찬의 출발은 호칭이다. 선생님, 형제님, 아무개 엄마 등 따뜻한 호칭을 반가운 목소리로 불러야 한다. 구체적인 호칭이면 더욱 좋다.

그리고 난 후 칭찬할 이유를 구체적으로 제시해야 한다. 한국 사람들은 칭찬하라고 하면 '인격이 고매하십니다.'와 같은 막연한 이유를 대는데 이는 잘못하면 욕이 된다. 칭찬할 이유는 구체적이고 실제적이어야 한다. 여성의 경우 관계 지향적 성향 때문에 외모의 변화를 알아봐 주는 것이 가장 좋다. '머리띠가 가을 분위기에 잘 어울리시네요.' 또는 '어쩌면 그렇게 화장을 잘하세요. 너무 보기 좋아요. 특히 눈 화장을 너무 잘하셨어요.'라고 하면 분명 마음이 움직일 것이다. 남성의 경우 일 중심적인 성향 때문에 그가 한 일들을 칭찬하면 감동한다. '어제 테니스를 치는 것을 보았는데 선수 같았습니다.' 또는 '선생님 같은 반장은 없습니다. 반장님은 우리 반의 보배십니다.' 등 그들이 하는 일을 예의 주시하였다가 칭찬하면 매우 효과적이다. 또 여성이든 남성이든 자녀를 칭찬하는 것은 그 어떤 것보다 효과적이다.

칭찬의 기술에 있어 마지막 마무리는 질문을 하는 것이다. '웃옷이 너무 멋있는데 어디에서 사셨나요?'라거나 '테니스를 누구에게 배우셨습니까?' 또는 '자녀들이 인사성이 밝은데 어떻게 가르치셨나요?' 등 질문을 해야 진심이 담긴 칭찬이 된다. 칭찬은 되도록 자주 그리고 구체적으로 하라. 칭찬은 상대의 마음을 옥토로 만드는 명약임을 기억하라.

그 다음은 들어주는 것이다. 들어준다는 것은 서로의 삶을 나누는 것을 의미한다. 서로의 삶을 나눌 때 기억해야 할 것이 있다. 하나는 상대의 말을 귀 기울여 잘 들어주는 것이다. 현대인들은 속마음을 나눌 자가 많지 않다. 그래서 잘 들어주기만 해도 매우 가까운 존재로 인식하게 된다. 들어줄 때 '힘이 드셨겠군요. 마음이 아프셨겠군요.' 등 '-군요'와 같은 경청적 반응이 있어야 한다. 또 하나, 들어주면서 서로의 접촉점을 찾아야 한다. 한국 사람들은 동질감을 매우 소중히 여긴다. 서로의 동질감을 찾아 접촉점으로 활용하면 사귐이 매우 빨라질 수 있다. 서로의 1%의 공통점, 즉 접촉점을 찾아서 내가 가지고 있는 에너지의 100%를 쏟아 부으면 관계가 형성되고 깊어지게 된다. 이것이 소위 '101%의 원리'다.

들어주는 것을 통해 접촉점을 찾았으면 이제는 구체적인 섬김을 가져야 한다. 예를 들어 우리 집과 전도 대상자의 집에 똑같이 6학년의 아이가 있다면 그 아이들을 중심으로 섬김을 시작하면 된다. 우리 아이가 먹을 피자를 시킬 때 한 판을 더 구입해 그 집에 가지고 가는 것이다. 대부분의 사람들은 '섬김' 하면 경제적인 부담을 생각한다. 그러나 섬김의 기본 원리는 '감동'이다. 물질적으로도 감동하지만 대부분은 '정성'에 감동한다. 정성이란 '지속적인 섬김'에서 드러나는 것이다. 작더라도 그 사람에게 꼭 필요한 것을 찾아야 하고 지속적으로 섬겨야 한다. 두 달만 최선을 다해 섬기면 대부분의 사람들의 마음은 옥토가 된다.

다섯째, 섬겨서 마음 밭이 옥토가 되었다면 교회와 복음과의 접촉을 갖게 한다. 교회 바자회나 야유회, 체육 대회, 음악회와 같은 프로그램에 초청해 교회에 발을 딛게 해야 한다. 교회도 이런 프로그램에는 항상 불신자들을 초청하고 그들을 섬기는 차원에서 진행해야 한다. 그리고 목장이나 속회, 구역과 같은 소그룹에 먼저 초청해 예배를 드리게 해야 한다. 물론 새가족이 온 날의 소그룹 예배는 지혜롭게 드려야 한다. 언어를 구사할 때 너무 전문적이지 않게 하여 생경함을 느끼지 않도록 한다. 대표 기도도 짧고 간결하게 하고 공과나 성경 공부도 간증 형태로 하는 것이 좋다. 그리고 무엇보다도 처음 온 불신자에게 '칭찬의 보약'을 먼저 먹게 해야 한다. 칭찬을 하면 서먹서먹한 분위기가 걷히고 불신자로 하여금 자신이 환영을 받고 있다고 생각하게 한다.

여섯째, 소그룹에서 복음을 접하게 한 후 교회 예배로 인도한다. 교회에 인도하는 날은 영적인 전투일이므로 많이 기도하고 준비해야 한다. 미리 찾아가 동행하고 설교를 듣기에 가장 좋은 자리에 앉게 하며 주변 성도들에게도 소개해 생소함을 없애 주어야 한다. 예배 후에는 목사님과 만나 인사하고 식사를 같이 하는 것이 좋다. 식사 자리에서는 대화의 흐름과 분위기가 매우 중요하므로 질문에도 신경을 써야 한다. 대개의 경우 "부족하거나 소홀했던 것은 없었나요?"라고 묻는데 그보다는 "오늘 교회에 오니까 좋은 점이 많지 않나요? 특히 어떤 것이 좋았나요?"라고 하는 것이 더 효과적이다. 왜냐하면 사람은 질문에 따라 사고의 방향을 정하기 때문이다. 교회에 와서 좋은 점과 은혜 받은 것이 무엇이냐고 물으면 그것에 대해 생각을 하게 되는 것이다.

일곱째, 교회로 인도한 후 정착할 때까지 갓난아이를 대하듯 잘 양육해야 한다. 자립심이 생길 때까지는 예배를 방해하는 악한 무리들이 있음을 알고 미리미리 예배를 준비하도록 하며 늘 품에 안고 다녀야 한다. 그리고 때가 되면 새 가족 학교에 입학시켜 세례를 받게 한다. 이로써 전도자가 해야 할 가장 기본적인 일은 다한 것이다. 그 이후에는 양육 코스에 들어가 배우고 사역의 현장에 투입되어 사역하다 보면 장성한 분량의 그리스도인으로 거듭나게 된다. 물론 고비마다 시험이 오는데 그때마다 잘 돌봐 주어야 한다. 목회자의 말보다 전도자가 체험적이고 경험적인 입장에서 충고하면 훨씬 큰 효과가 나타난다.

제5의 원칙 - 매스미디어와 문화 콘텐츠를 활용하라

이 부분은 성도 개인이 할 것이 아니라 교회가 전략적으로 접근해야 할 부분이다. 전도지만으로는 전도하기가 어려운 시대이므로 교회가 정보 선교 위원회를 구성하여 전파와 신문, 문화 행사 등을 통해 전도의 영역을 새롭게 개척해야 한다. 전파는 누구든지 어디서나 접할 수 있는 전도의 도구다. 교회도 방송을 적극 활용해야 할 때가 왔다. 설교를 내보내는 것은 물론이고 지역을 위한 프로그램, 지역을 섬기는 내용 등을 방송으로 적극 알리고 홍보해야 한다. 신문도 교회 신문의 분위기를 벗어나 일반화하고 거기에 교회를 소개하는 형식을 띠게 하여 복음이 묻어나게 해야 한다.

문화적인 행사를 준비하는 것도 좋은 방법이다. 지역민을 위한 행복 축제, 노인 대학, 자녀 교육 세미나, 음악회 등을 주도적으로 준비하면 효과가 있을 것이다. 이런 행사를 할 때 지역 기관장들을 초청하면 지역 사회에서 영향력을 넓히는 데 매우 유익할 것이다.

제6의 원칙 - 교회의 시스템을 전도적인 시스템이 되게 하라

첫째, 평신도들을 전도 사역자화해야 한다. 미래 교회의 트렌드는 '집단적 가르침에서 개인적 멘토링으로'와 '기다리는 전도에서 찾아가는 전도로'이다. 고로 목회자가 다할 수 없으므로 평신도들을 전도 사역자화해야 하는 것이다. 그들의 힘은 너무도 크고 무궁무진하다. 직분을 세울 때도 전도를 강조하고 직분별로 전도의 목표를 주어야 한다. 교구나 지역의 지도자가 전도의 전문가가 되도록 훈련하고 전도 현장에 투입해야 한다. 연초에 태신자를 작정하고 대심방에서 개인별로 확인하여 전도 잔치 시 실행에 옮기도록 격려해야 한다. 전도 잔치를 통하여 전도 전문가를 개발해 최전선에 배치하여 다른 성도들에게 도전을 주며 앞에서 모범을 보이게 해야 한다.

둘째, 소그룹이 전도 팀이 되게 한다. 목장 소그룹이나 선교회 등을 전도에 앞장서는 모임으로 이끌어야 한다. 전도하지 않으면 친교 그룹이나 교제의 모임이 되고 만다. 개인 전도와 소그룹 목장 전도 대상자를 적을 카드를 마련해 모일 때마다 관심을 가지고 기도하게 하는 것이 중요하다. 또한 모든 모임의 주최 예배나 헌신 예배 때에는 새 가족을 전도해서 봉헌하게 하여 영혼 구원에 대한 중요성을 알게 해야 한다. 그러면 절실한 마음으로 모일 때마다 전도를 위해 노력하게 되고, 교회에 전도되어 오는 새 가족을 소그룹에서 적극적으로 환영하고 찾아가게 된다. 이러한 모습이 새 가족에게는 좋은 느낌으로 다가온다. 소그룹부터 전도의 체질이 될 때 교회 전체가 전도할 수 있는 역량이 풍성해진다.

〈전도 리메이크 6대 원칙〉

제1의 원칙 – 교회의 초점을 영혼 구원에 맞추라
제2의 원칙 – 전도의 축복을 알게 하라
제3의 원칙 – 노방 전도를 통해 전도의 전투력과 야성을 키우라
제4의 원칙 – 관계 전도로 나아가라
제5의 원칙 – 매스미디어와 문화 콘텐츠를 활용하라
제6의 원칙 – 교회의 시스템을 전도적인 시스템이 되게 하라

효과적인 전도 프로그램

상계교회가 1년여 만에 두 배 이상 부흥 성장한 가장 큰 비결은 전도 행사의 성공과 교인들의 전도 동력화라고 볼 수 있다. 대표적인 전도 프로그램은 봄철 총동원 전도 주일과 가을 총출석 전도 주일, 매월 마지막 집중 전도 주일이다. 그중 가장 집중하는 것은 총동원 전도 주일인 오병이어 대축제다.

상처가 많고 분열된 교회를 하나로 규합하고 활기 있게 만드는 분수령이 된 것이 2004년 11월 7일에 있었던 제1차 오병이어 전도 대축제였다. 이

행사를 통해 성도들은 하면 된다는 자신감을 갖게 되었고, 담임 목사의 지도력에 신뢰감을 던져 주었으며, 부흥에 대한 희망을 품게 되었다. 이 행사에서 목표로 내세운 '새 가족 1천 명 전도'는 1,144명의 새 가족이 몰려오면서 성도들을 놀라게 하고 신앙의 새로운 차원을 맛보게 해주었다. 이때부터 상계교회는 전도에 모든 역량을 집중하는 교회로 변화하기 시작했고, 교회에 있어서 전도가 가장 중요한 사역임을 깨닫는 계기가 되었다. 이 전도 잔치를 성공적으로 마치면서 상계교회는 연 500명가량의 새 가족이 등록했고 그중 70% 정도가 정착되었다. 이것이 상계교회 성장의 원동력이 되었다.

또 전도에 대한 두려움도 극복하게 되었다. 전도를 위해 가장 먼저 해결해야 할 것이 전도에 대한 두려움이다. 아는 사람이든 모르는 사람이든 말을 건네는 것에 대한 두려움을 극복하는 것이 전도의 필수 요소인데, 전도 잔치를 통해 전 교인의 80% 이상이 전도에 참여했고 그중 70% 이상이 전도에 성공했다.

이들이 모두 교회에 재등록하고 정착한 것은 아니지만 전도에 중요한

〈전도 잔치별 초청 인원수〉

행 사 명	행 사 일 시	전도된 인원	목 표 인 원
1차 오병이어 전도 축제	2004년 11월 7일	1,144명	1,000명
2차 오병이어 전도 축제	2005년 5월 1일	1,280명	1,000명
3차 하나님의 가족 찾기	2005년 10월 30일	1,017명	오이코스 관계 전도 1,000명
4차 VIP 초청 기쁨 대축제	2006년 4월 23~30일	1,112명	1,000명
5차 429 새 생명 부흥 축제	2007년 4월 29일	1,971명	2,000명
6차 이웃 사랑 행복 축제	2007 10월 28일	1,045명	1,000명
7차 427 사랑 가득 페스티벌	2008년 4월 27일	2,892명	3,000명

밑거름이 되어 계속적으로 전도할 수 있는 근거가 마련되었다. 그리고 이들이 한두 번 교회를 접하면서 교회에 대한 거부감을 씻게 되고 계속적인 관심과 권유로 결국에는 교회에 정착한 사람들이 되어 갔다.

사실 믿지 않는 사람을 교회에 초청해 예배를 드리게 한다는 것은 매우 어렵고 힘든 일이다. 특히 상계교회는 전도에 대해 관심이 없던 교회기 때문에 더욱더 어려웠고 더군다나 1천 명을 교회로 인도한다는 것은 거의 불가능한 일이었다.

'과연 성공할 수 있을까?'

이것이 대다수 성도들의 생각이었다. 그러나 불가능해 보였던 일이 현실로 이루어지자 '우리 교회도 하면 된다.'라는 자신감을 회복했고 교회가 전도하는 체질로 서서히 변화하게 되었다. 그리고 무엇보다 전도하는 사람이 존경 받고 대우 받는 풍토가 조성되었고 평신도 리더들인 장로들이 전도에 앞장서서 1차 오병이어 전도 축제 시 전도 개인 순위 3등 안에 2명이 들면서 그야말로 교회는 전도의 열풍에 휩싸이게 되었다.

| 전도 잔치 기획 |

전도 잔치는 현실성 있게 기획하는 것이 매우 중요하다. 가장 먼저 해야 할 일은 기억하기 쉽고 목표가 드러나는 행사 명칭을 정하는 것인데 날짜나 성경의 내용, 전도 목표를 적절히 활용하는 것이 좋다. 상계교회가 1차로 행한 전도 잔치가 바로 '1107 오병이어 전도 축제'였다. 개최 일시가 11월 7일이었고, 우리 힘으로는 부족하지만 주님이 함께하시면 오병이어의 기적이 일어나리라는 믿음으로 정한 명칭이었다. 명칭을 정하면 곳곳에 써

붙이고 구호를 외쳐서 뼛속 깊이 새겨지게 해야 한다. 행사 명칭은 그 행사를 나타내는 얼굴이므로 쉽고 단순하면서 기억하기 좋은 단어로 정하는 것이 좋다.

그리고 구체적인 전도 목표를 제시해야 한다. 교회의 상황에 맞는 실현 가능한 목표를 설정하되 가능한 한 최고치를 잡아야 한다. 그래야 꿈도 커지고 목표가 달성되었을 때 그만큼 큰 성취감을 얻을 수 있다. 1차 전도 잔치에서 상계교회는 1천 명이라는 목표를 정했다. 그 당시 예배 출석 인원이 약 450명 정도였기 때문에 많은 사람들이 어이없어 했지만 담임 목사의 굳은 의지와 믿음이 점점 성도들에게 전해졌다. 그 열정을 닮아 전도에 온 힘을 기울이는 성도들이 나타났고 서로서로 전도에 나서게 되어 결국 그 목표를 이루어 냈다.

또 하나 중요한 것은 목표를 정하되 직분별로 구체적인 목표를 정하는 것이다. 목회자와 장로는 5명, 권사는 3명, 집사는 2명, 성도는 1명이라는 구체적인 목표를 정하자 직분의 부담감 때문에라도 최선을 다해 전도하게 되었다. 3차 때는 전도하는 인원에 따라 상급을 매겼다. 3명 전도하면 '금메달', 2명 전도하면 '은메달', 1명 전도하면 '동메달', 0명 전도하면 '목메달'이었다. 목매달리지(?) 않기 위해서라도 1명 이상은 전도하자는 구호에 많은 사람이 호응하고 참여했다.

| 전도 잔치 선포 |

우선 전도 잔치를 하기 위해서는 담임 목사의 열정이 교인들을 감동시켜야 한다. 왜 전도해야 하는지, 전도가 과연 나와 무슨 상관이 있는지를 성

〈전도 작정 카드〉

소속 : ________ 교구 ________목장　작정자 : ________ (직분 :　　　)

(교회 제출용)

우선 순위	전도 대상자	관 계 (해당란에 ○ 표시)	거주지	전 화	연령	성별
1		가족(　) 친척(　) 친구(　) 이웃(　) 직장(　) 고객(　)				남 여
2		가족(　) 친척(　) 친구(　) 이웃(　) 직장(　) 고객(　)				남 여
3		가족(　) 친척(　) 친구(　) 이웃(　) 직장(　) 고객(　)				남 여
4		가족(　) 친척(　) 친구(　) 이웃(　) 직장(　) 고객(　)				남 여
5		가족(　) 친척(　) 친구(　) 이웃(　) 직장(　) 고객(　)				남 여

------------------------------ 절취선 ------------------------------

(개인 보관용)

우선 순위	전도 대상자	관 계 (해당란에 ○ 표시)	거주지	전 화	연령	성별
1		가족(　) 친척(　) 친구(　) 이웃(　) 직장(　) 고객(　)				남 여
2		가족(　) 친척(　) 친구(　) 이웃(　) 직장(　) 고객(　)				남 여
3		가족(　) 친척(　) 친구(　) 이웃(　) 직장(　) 고객(　)				남 여
4		가족(　) 친척(　) 친구(　) 이웃(　) 직장(　) 고객(　)				남 여
5		가족(　) 친척(　) 친구(　) 이웃(　) 직장(　) 고객(　)				남 여

도들은 담임 목사를 통해 알게 되기 때문이다. 물론 이것은 주님의 한 영혼에 대한 열정과 기다리심을 전할 때 가장 효과적이다.

기획한 전도 잔치의 한두 달 전에 미리 전도 잔치 때 데려올 전도 대상자를 작정하게 한다. 설교 때도 전도해야만 하는 이유와 사명을 열정을 다해 전한다. 그 자리에서 전도 대상자를 쓰게 하여 헌금 바구니에 넣거나 사역자들이 그 자리에서 봉헌하도록 하고 특별히 많이 작정한 사람은 호명해 전의를 북돋운다.

또 미리 만든 전도 주제가를 부르고 전도 구호를 외치게 한다. 전도는 영적인 전쟁이기에 성도들이 사기충천하지 않으면 할 수 없다. 구호나 주제가, 통성 기도를 통한 강력한 사기 진작이 있어야 한다.

[전도 주제가 496장 개사]

1. 상계교회 성도 주의 사랑으로 서울 시민들을 사랑하리라.
   눈물로써 기도 물질로써 봉사 하나님의 사랑 보여 주리라.
   사랑하리라 사랑하리라 서울 시민들을 사랑하리라.(2번)
2. 상계교회 성도 굳센 믿음으로 서울 시민들을 전도하리라.
   주의 명령 따라 한 집 한 집 찾아 예수 믿어 구원 받게 하리라.
   전도하리라 전도하리라 천 명 내 이웃을 전도하리라.(2번)
3. 상계교회 성도 하늘 소망으로 복음특별시를 이룩하리라.
   사역으로 행복 만 명 모여 부흥 인재 양성하여 도전 주리라.
   이룩하리라 이룩하리라 복음특별시를 이룩하리라.(2번)

[전도 구호]

하자 하자 (3명 전도!) 따자 따자 (금메달!) 상계 상계 (화이팅!)

| 목장 순회 심방 |

전도가 선포되면 교구 목회자와 지도자들이 각 교구나 지역, 목장의 소그룹별 전도 작정 자료를 가지고 순회하면서 점검을 한다. 작정하지 못한 사람들은 인원이라도 쓰게 하고 전도에 약한 사람들은 잘하는 사람과 짝을 지어 주어 함께 참여하도록 권면한다. 그리고 열심히 말씀을 전하여 기도해 준 후 함께 나가 직접 전도하는 모습을 보여 주어야 한다.

전도를 작정한 주에는 대부분 3분의 2 정도 작정하는데, 못한 사람은 항상 방관자가 되어 참여하지도 않으면서 불만 세력을 만들게 되므로 반드시 전도하도록 성도들을 동력화하는 것이 전도 잔치 성패의 관건이다.

〈이웃 사랑 행복 축제 전도 주제가〉

| 노방 전도 |

성도들을 전도의 체질로 만들고 전도에 대한 야성을 기르기 위해서는 밖으로 나가야 한다. 밖으로 나가면 만날 사람을 만나게 되는 축복을 누리게 된다. 관계 전도는 매우 중요하고 그만큼 열매도 풍성하지만 그 전에 먼저 전도의 야성을 길러야 한다. 전도는 그 현장을 놓쳐서는 안 된다. 전도는 분위기를 타는 것이 매우 중요한데 전도에 대한 열의가 느껴지는 가장 중요한 장소가 바로 전도의 현장이다. 현장에서 전도 열기를 느끼지 못하면 전도에 대한 부담감도 열정도 생기지 않는다. 그 열정과 부담감이 성도들을 전도하게 만드는 큰 원동력이 된다.

노방 전도를 통해 만난 사람들 중 반응이 있는 사람들은 다시 방문하여 열매를 맺도록 최선의 노력을 다해야 한다. 노방 전도를 하면서 교회에 기증 받은 와이셔츠, 부침개, 사탕이나 커피 같은 기호품 등을 이용해 실로 다

〈전도 포스터〉

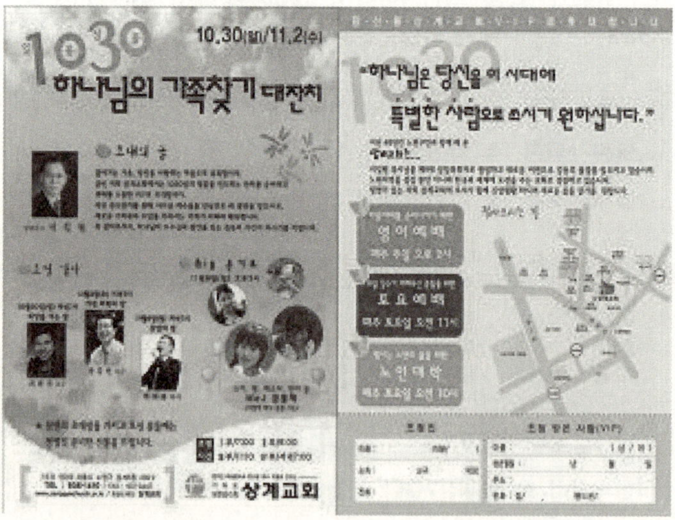

양하게 전도에 활용했다. 이렇게 모든 수단을 동원하여 만나서 관계를 맺을 수 있도록 항상 연구하고 개발해야 한다.

노방 전도를 위해 초청장이 포함된 전단지도 만들어 배부했는데 이런 경우에는 특별 순서를 만들어 사람들의 관심을 끄는 내용을 넣어 제작해야 한다. 유명한 강사를 초빙하고 유익한 문화 프로그램을 만들면 전도하기가 한결 수월해진다.

| 당일 행사 |

전 교인을 동력화하는 작업은 전도 잔치를 위해 꼭 필요하다. 전도에 참여하지 못하는 사람에게도 다른 방법으로 그들의 필요와 욕구를 충족시켜야만 긍정적인 성도들로 양육된다. 항상 참여하지 않은 사람들이 불만이 많고 불평을 하는 법이다. 그래서 전도에 참여하지 못하고 소극적인 사람들을 중심으로 업무를 분배한다. 청소부터 안내, 등록, 선물 분배, 헌금 위원 등으로 참여시킴으로써 전 교인을 동력화하는 데 최선을 다했다. 이렇게 전 교인이 참여하는 축제의 마당이 되도록 노력하는 것이 중요하다. 그리고 목표로 정한 인원이 모두 왔을 경우를 가정하여 모든 준비나 진행에 차질이 없어야 한다. 만약 목표는 1천 명이었는데 선물은 500개만 준비했다면 벌써 패배주의로 진 게임을 하는 것이다. 이것은 성도들에게도 믿음 없는 모습으로 비쳐 실망을 안겨 주게 된다.

다음은 전도 잔치를 진행하기에 앞서 각 부서별 담당 사역자를 도표화한 것이다.

〈전도 잔치 사역 담당표〉

구분	준비 항목	준비 위원					책임자
예배	영상 – 촬영/방송	영상 촬영팀, 김재영(설교 방송, 홈페이지 게시)					전경락 장로
예배	영상 – 예배/프로젝션	(파워포인트) 정혜선, 박효주, 박성준 집사					박성준 집사
예배	영상 – 교회 소개	(영상물 제작, 5분) 유영준 장로, 장익중 전도사					유영준 장로
예배	구 분 \ 예배시간	1부(7시)	2부(9시)	3부(11:10)	4부(7시)	11/2(7시)	
예배	기도 위원	안원화 장로	안승철 장로	김광이 장로	전경락 장로	정효남 장로	김종인 전도사
예배	준비 찬송	김진호 권사	손성근 목사	장익중 전도사	하늬브로	손성근 목사	임부선 장로
예배	성가대		임마누엘	호산나	호산나	임마누엘	임부선 장로
예배	헌금송(특송)		정연희	정연희	워십팀	워십팀	임부선 장로
예배	헌금 위원		임승구 장로 헌금 위원	김광이 장로 헌금 위원			조운형 목사
예배	결신서 안내 및 선물 분배	교역자, 장로, 교구 총무	교역자, 장로, 교구 총무	교역자, 장로, 교구 총무	교역자, 장로, 교구 총무	교역자, 장로, 교구 총무	손성근 목사 전경락 장로
예배	음향 시스템	장익중 전도사, 윤기일 권사, 김인걸 집사					정효행 장로
예배	촬영팀	무비 카메라 촬영(김재영), 사진 촬영(김인호 집사)					조운형 목사
예배	유아방 운영	2, 3, 4부 예배 시 유아(놀이)방 운영-교육관 1층, 유치부 교사(볼풀)					임현숙 집사 유치부
당일 봉사	차량 운행 배차	안승권 장로(별지 예정)					안승권 장로
당일 봉사	안내 위원	안원화 장로(별지 참조) *지하 예배실(인도 : 장익중, 안내 : 유혜근, 이동임, 김은선)					안원화 장로
당일 봉사	등록 위원	• 청년부(별지 참조) • 리프트-2부 : 홍선표, 3부 : 임부선, 저녁 : 안승권					안승철 장로
당일 봉사	주차 위원	안승권 장로 외 차량 위원-계상초교 확인					안승권 장로
당일 봉사	접대/식사 (식당 안내)	• 김인숙 장로, 연합 여선교회 • 장로 일동(새 가족 식당 안내)					김인숙 장로
	예배실(강단) 미화	장영희, 안미자, 유혜근, 김은혜					신경숙 전도사
	게시판, 환경 미화	이주연 간사, 한숙아 집사-식당, 선교관 미화					이주연 간사
	식사 준비	김인숙 장로, 여선교회 연합회, 청년부(서빙) 세팅-교육관 지하, 선교관 3층, 희락홀/사랑홀					김인숙 장로
	새 가족 선물 분배 순서지(교회 소개) 결신서(볼펜)	장로 일동-결신서 작성 시와 동일 순서지(주보 : 장익중), 결신서(볼펜 : 이주연) -주보 속 삽입					전경락 장로 김광이 장로

준비일정	사역자/장로 명찰	아크릴 명찰 제작	손성근 목사
	새 가족 스티커	박민경 목사, 이주연 간사	박민경 목사
	시온성전(음향)	윤기일 권사, 정해영 성도	정효행 장로
	대청소	10월 29일 오전 10시(전 교인)	민재식 권사
	기타 업무	만국기(홍선표 집사), 음료대(유아실, 1층), 강사 픽업(박민경 목사), 현수막(노홍식 권사)	

| 새 가족 정착 양육 시스템 |

한 사람이 주의 제자로 만들어지기 위해서는 여러 단계를 거쳐야 한다. 우선은 전도되어서 교회에 나와야 하고 그 다음에는 교회에 잘 정착해야 한다. 전도된 사람 중 10~15% 정도만 정착한다는 통계(국민일보 1999년 6월 21일자)를 보면 정착이 얼마나 힘든 일인지 알 수 있다. 정착된 후에는 체계적이고 내실 있는 양육을 받아 주의 제자로 살 수 있도록 삶의 방향과 원리를 제공받아야 한다. 그러나 이 단계에 맞는 양육이 이루어지지 못하는 경우가 많은 것이 현실이다. 한국 교회가 성도를 양육할 때 극복해야 할 두 가지 문제가 있다. 하나는 양육에 너무 서두른다는 것이다. 단시간에 고열량의 음식을 많이만 먹인다고 금방 자라는 것이 아니다. 보고 배우는 체득의 시간이 필요하다.

또 하나는 단편적인 접근이다. 새 가족 양육은 전체적인 관점에서 이루어져야 한다. 전도－정착－양육－헌신이라는 4단계의 총체적인 면에서 준비되고 진행되어야 한다. 단편적인 순간에 급급하지 말고 총체적인 면에서 종합적으로 접근한다면 어떤 프로그램, 어떤 책인지에 관계없이 어느 누가 가르친다 해도 그 효과는 엄청날 것이다.

• 영접과 심방

정착 사역은 교회에 오는 순간부터 시작된다. 새 가족이 오면 교역자나 사역자들이 적극적으로 반갑게 인사하고 인도한 사람과 함께 앉아 예배하도록 인도한다. 가능하면 앞자리에 앉게 하여 말씀에 집중하도록 하고 예배 시 옆에서 잘 도와주도록 한다. 성경이 낯선 사람은 옆에서 찾아주고 사도신경이나 주기도문을 외울 때는 찬송 뒤에 있는 것을 찾아 읽도록 하여 생소함이 없도록 배려한다. 새 가족 소개 시 인도자와 함께 일어나게 하고 박수한다.

이때 준비된 사탕 부케 또는 꽃다발을 새 가족 영접 팀이 전달하게 하여 축하 분위기를 연출한다. 예배 후에는 새 가족 영접실이나 담임 목사실에서 준비된 점심을 정성껏 대접하고 식사를 하면서 교회 소개 동영상을 보여 준다. 식사와 동영상 시청이 끝나면 담임 목사가 한 분씩 인사를 나누며 신앙생활에 대한 간단한 권면을 하고 축복 기도를 해준다. 면담 후 기념사진을 촬영하여 다음날 게시판과 인터넷에 게시한다. 새 가족 명단은 인도자와 함께 다음 주 주보에 실어 전 교인에게 알린다.

〈새 가족 환영 포스터〉

그리고 그 주 안에 담당 교역자가 심방하여 인사를 나누고 교적부를 정리한다. 담당 전도사는 매주 출석과 심방 상황을 파악해 2개월 동안 특별 관리를 한다.

〈2006년 새 가족 관리 대장〉

등록번호	이 름	등 록 일	소 속	심 방 자	심 방 내 용	출 석 현 황							
06-30	김순자	6. 2.	믿음	박민경	• 남편 핍박 중 • 관절염이 있음	2/6							

• 편지 양육

그 후에 새 가족 양육 편지를 4주간 보내어 기초적인 교리를 교육한다. 새 가족에게는 무엇보다 관심이 중요하다. 편지로 교회에 대한 내용을 알려주는 것이 하나의 관심의 표현이기 때문에 이는 매우 중요한 수단이 된다. 그리고 전혀 교회를 모르는 사람에게는 교회가 어떤 곳인지를 접하는 소중한 정보 습득처가 된다.

혹시 가족 몰래 교회에 등록한 사람이 있다면 사전에 파악해 개인 메일이나 인편 전달 방법을 통해 통신 교육을 시도하는 것이 좋다. 다음은 각 주별 새 가족 양육 편지의 내용이다.

1주 하나님과 예수님에 관하여

사랑하는 김순자 성도님께

안녕하십니까? 이제 저희와 함께 상계교회에서 신앙생활을 하시게 된 것을 진심으로 환영합니다. 주님의 축복이 함께하길 빕니다.

신앙은 어떤 의미에서는 또 하나의 결단이요, 새로운 출발입니다. 새로운 출발, 그리고 위대한 시작을 결심하신 교우님을 도와드리기 위해 이제부터 4회에 걸쳐 매주 1회씩 신앙인으로서 꼭 알아야 할 내용을 보내 드리겠습니다. 자세히 읽고 마음에 새기시면 신앙에 큰 유익이 있을 것입니다.

- **하나님은 어떤 분입니까?**

1. 하나님은 사람을 만드신 분입니다. 사람을 보면 하나님이 계심을 알 수 있습니다. 성경에 의하면 인간은 하나님의 형상대로 하나님이 만드신 존재입니다. 그런데 인간이 하나님을 떠났기 때문에 인간의 참모습을 상실했고 하나님의 모습을 잃어버리게 되었습니다. 이것이 인간의 불행의 원인입니다.

2. 하나님은 인간을 사랑하시는 분입니다. 하나님은 예수님을 통해 자신의 사랑을 주시므로 인간들에게 하나님의 형상을 찾도록 해주셨습니다. 이것을 구원이라고 부릅니다. 하나님께서 만드신 인간, 하나님을 떠난 인간, 그 인간을 예수님을 통해 찾아오신 하나님의 사랑, 이로 인해 성취된 하나님과 나와의 새로운 관계, 이것이 하나님의 사랑입니다.

- **예수님은 누구십니까?**

예수님은 우리의 구주가 되시며(마태복음 1:21) 살아 계신 하나님의 외아들이십니다(마태복음 16:16). 그분은 유대 땅 베들레헴 말구유에서 태어나셔서 마지막 3년은 인간을 죄에서 건지시고 생명을 주시는 구원 사업을 완성하셨습니다. 예수님은 우리의 죄를 대신 짊어지시고 십자가에 못 박혀 돌아가셨습니다(마태복음 27:35). 예수님은 장사를 지낸 후 3일 만에 다시 살아나셔서 제자들에게 보이시고 하늘로 올라가셨습니다(사도행전 1:11). 우리는 예수님을 믿는 것으로만 구원을 받을 수 있습니다.

• 성경은 어떤 책입니까?

하나님의 말씀인 성경은 우리의 신앙과 생활의 유일한 표준이며 법칙입니다. 그러므로 올바른 신앙과 삶을 위해 성경은 우리에게 필수적입니다. 그리고 성경은 영혼의 양식입니다. 음식이 육신의 건강과 성장에 꼭 필요하듯이 우리의 영적 생명도 성장하고 건강하려면 반드시 영혼의 양식인 성경을 필요로 합니다.

"사람이 떡으로만 살 것이 아니요 하나님의 입으로부터 나오는 모든 말씀으로 살 것이라(마태복음 4:4)."

"모든 성경은 하나님의 감동으로 된 것으로 …… 모든 선한 일을 행할 능력을 갖추게 하려 함이라(디모데후서 3:16, 17)."

매일매일 성경을 읽고 묵상하면서 건강한 영적 생명으로 성장하시기를 기원합니다. 오는 주일도 건강한 모습으로 만나 뵙기를 바랍니다.

상계교회 담임 목사 **서길원** 드림

2주 예배와 기도에 관하여

사랑하는 김순자 성도님께

지난 일주일 동안 안녕하셨습니까?

• 우리는 왜 주일(日)을 지켜야 합니까?

구약에서는 창조의 안식일을 지켜 왔으나 신약 시대에는 예수님 부활의 주일을 사도들이 지켜 왔기 때문에 우리는 주일을 지키는 것입니다. 주일은 거룩하게 지켜야 합니다. 이날은 성도들이 함께 모여 예배를 드리고 성도끼리 예수님 안에서 교제하며 경건하게 보내야 합니다.

• 예배 시간은 무엇을 하는 시간입니까?

예배는 첫째로 하나님께 찬양과 경배와 간구와 예물을 드리고, 둘째로 하나님의 말씀과 은혜와 응답과 축복을 받는 시간입니다.

목사님은 하나님의 말씀을 선포하는 대언자입니다. 우리를 낳아 주신 영적 부모인 하나님을 공경하고 그의 말씀을 따르는 것이 사람의 첫 번째 본분입니다(전도서 12:13). 따라서 예배자는 존경과 감사하는 마음과 겸손한 자세로 예배를 드려야 합니다.

"하나님은 영이시니 예배하는 자가 영과 진리로 예배할지니라(요한복음 4:24)."

• 기도는 누구에게 해야 합니까?

우리의 믿음의 대상인 영원하신 하나님께 기도해야 합니다. 하나님은 영원히 찬양과 영광을 받으시기에 합당한 유일한 분이며 복의 근원이시기 때문입니다.

• 기도는 무엇입니까?

기도는 영혼의 호흡이며 영적 대화입니다. 따라서 하나님을 믿는 성도는 사랑하는 사람과 서로 이야기하듯 우리를 가장 사랑하시는 하나님께 모든 것을 말씀드릴 수 있습니다.

• 기도는 어떻게 해야 합니까?

1. 먼저 하나님의 영광을 찬양합니다.
2. 죄를 고백하고 회개합니다.
3. 하나님의 용서와 사랑을 감사합니다.
4. 소원하는 것을 모두 구체적으로 간구합니다.
5. 마지막에 '예수님 이름으로 기도합니다. 아멘(그렇게 되기를 원한다는 뜻)' 이라고 합니다.

• 기도하는 자세는 어떠해야 합니까?

1. 경건해야 합니다.
2. 간절한 마음과 정직한 마음이어야 합니다.
3. 믿고 기도해야 합니다.

"지금까지는 너희가 내 이름으로 아무것도 구하지 아니하였으나 구하라 그리하면 받으리니 너희 기쁨이 충만하리라(요한복음 16:24)."

부디 매일매일 기도하여 신앙이 성장하시고 하나님의 은혜와 사랑이 늘 충만하시길 빌며 오는 주일에도 교회에서 기쁜 마음으로 만나 뵙기를 바랍니다.

상계교회 담임 목사 **서길원** 드림

3주 하나님과 사람 사이의 사랑에 대한 법칙에 관하여

사랑하는 김순자 성도님께

지난 일주일 동안 집안에 어려운 일은 없으셨습니까? 믿음으로 승리하시기를 바랍니다. 이번에는 하나님과 사람 사이에 있는 오묘한 사랑의 법칙을 알아보겠습니다.

1. 제1의 법칙 : 하나님은 세상 사람들의 구원을 위해 외아들을 내주실 만큼 사랑이 넘치십니다.

"하나님이 세상을 이처럼 사랑하사 독생자를 주셨으니 이는 그를 믿는 자마다 멸망하지 않고 영생을 얻게 하려 하심이라(요한복음 3:16)."고 했습니다.

교우님, 어려운 일이 닥쳐 마음이 몹시 괴롭거나 슬플 때 눈을 지그시 감고 "아버지!" 하고 불러 보세요. 하나님의 사랑을 실감하며 마음의 큰 위로를 받게 될 것입니다. 하나님은 멀리 계시지 아니하고 우리 곁에 계시는 위로의 아버지십니다.

2. 제2의 법칙 : 하나님의 사랑을 입고 지음 받은 사람이 하나님의 명령을 어김으로써 죄를 짓게 되었습니다.

"모든 사람이 죄를 범하였으매 하나님의 영광에 이르지 못하더니(로마서 3:23)"라고 했습니다. 하나님은 거룩하신 분입니다. 반면에 사람은 죄에 빠져 있습니다. 그리하여 이 둘 사이에는 서로 큰 간격이 생기게 되었습니다. 사람들은 철학이나 도덕 또는 선행 등 자기의 힘으로 이 간격을 넘어서 하나님께 도달해 풍성한 삶을 누리려 애쓰고 있습니다. 그러나 이것은 불가능한 일입니다. 아무리 애쓰고 노력해도 인간의 힘으로는 결코 하나님께 도달할 수 없습니다.

그렇다면 어떻게 해야 하나님과 사람과의 관계가 회복될 수 있을까요?

3. 제3의 법칙 : 사람의 죄를 해결할 수 있는 분은 오직 예수님뿐입니다.

예수님은 몸소 말씀하셨습니다. "내가 곧 길이요 진리요 생명이니 나로 말미암지 않고는 아버지께로 올 자가 없느니라(요한복음 14:6)."

하나님께서는 그의 아들이신 예수를 이 세상에 보내어 우리를 대신해서 십자가에 못 박혀 죽게 함으로써 하나님과 사람 사이에 다리를 놓아 주셨습니다.

4. 제4의 법칙 : 이 순간 교우님께서 믿음으로 예수님을 '나의 구주'로 영접하고 입으로 고백하면 다음과 같은 놀라운 변화가 일어납니다.

(1) 교우님 심령 안에 예수님께서 들어와 계십니다(골로새서 1:27).

(2) 교우님의 모든 죄는 사함을 받습니다(골로새서 1:14).

(3) 교우님은 이제 하나님의 자녀가 되었습니다(요한복음 1:12).

(4) 교우님은 하늘나라의 생명책에 이름이 기록되었습니다(누가복음 10:20).

(5) 교우님은 영원한 생명을 얻었습니다(요한복음 5:24).

(6) 하나님께서 예비하신 풍성한 삶이 시작되었습니다(요한복음 10:10).

예수님을 나의 구주로 영접하고 믿음의 첫사랑에 젖어 들면 모든 것이 감사한 것뿐이고, 모든 것이 기쁘고 아름답게만 보입니다.

오는 주일도 기쁨으로 만나 뵙기를 원합니다.

상계교회 담임 목사 **서길원** 드림

4주 성장에 관하여

사랑하는 김순자 성도님께

사랑하는 교우님, 일주일 동안 건강하셨습니까?

교우님! 우리 생애에서 예수님을 '나의 구주'로 영접한 것보다 더 놀라운 일은 없습니다.

그리스도인은 예수 그리스도의 믿음 안에서 날마다 성장하게 됩니다. 지극히 작은 일까지도 하나님께 맡기고 다음의 일들을 기쁨으로 실천하시길 바랍니다.

1. 날마다 하나님께 기도하십시오.
2. 하나님의 말씀인 성경을 날마다 읽으십시오(요한복음부터 읽는 것이 좋습니다).
3. 교회에서 주일 예배를 빠지지 말고 꼭 드리십시오.
4. 변화된 말과 행동으로 그리스도를 증거하십시오.
5. 지극히 작은 일까지도 하나님께 맡기십시오.
6. 새벽 기도에 열심히 나오셔서 영육의 강건함을 입으십시오.
7. 기쁨으로 가까운 사람부터 교회에 함께 데리고 나오십시오(전도는 은혜 받은 새 가족이 더 잘할 수 있습니다).

예수 그리스도를 나의 구주로 영접하고 믿음의 첫사랑에 젖어 들면 모든 것이 감사한 것뿐이고 모든 것이 기쁘고 아름답게만 보입니다. 비록 가난과 질병과 고난이 닥친다 해도 예수님을 믿고 은혜 받으면 믿음 안에서 넉넉히 이겨 나갈 힘이 주어집니다.

교우님, 오늘로서 새 가족 통신 교육이 끝났습니다. 예수께서 말씀하시기를 "먼저 믿는 자가 나중 되고 나중 믿는 자가 먼저 된다."라고 하셨습니다. 교우님께서는 모범을 보여 주는 그리스도인이 되셔서 가족과 이웃의 많은 믿지 않는 분들을 교회로 인도하시길 바랍니다. 전도는 하나님이 가장 기뻐하시는 일입니다.

끝으로 다시 교우님과 함께 영원한 믿음의 가족이 되어 신앙생활을 하게 인도해 주신 하나님께 감사를 드립니다. 샬롬(평안하세요)!

상계교회 담임 목사 서길원 드림

전도는 하나님의 일이다. 할 수 있다는 믿음으로 시도하면 하나님이 일하시고 열매를 맺게 하신다. 전도를 가장 잘하는 방법은 '전도하는 것'이다. 많은 성도와 교회가 전도의 완벽주의에 빠져 있다. 그러나 잘 살펴보자. 생명에 관계된 것은 부닥칠 때 사건이 일어난다. 아이를 낳아 보고 결혼하는 것이 아니라 결혼을 하면 아이를 낳는 것이다. 한국 교회 제2의 부흥은 전도의 열기로 시작될 것이다. 전도하면 교인들이 단단해지고 기도하게 된다. 성령의 역사를 경험하게 된다. 부흥의 바람이 모여 하나님의 임재하심과 기름 부으심이 나타날 것이다.

예배 리메이크

부흥을 원한다면 가장 시급하게 점검해 보아야 하는 두 가지 축이 있다. 그것은 현대 교회 부흥의 두 중심축이라 할 수 있는 예배와 소그룹 모임이다. 축제적인 예배는 성도들에게 영감과 삶의 동기를 제공한다. 그러나 역동적인 소그룹은 성서적이고 주님을 닮은 삶의 변화를 가져다준다. 아무리 예배를 많이 드려도 구체적인 삶의 변화는 잘 일어나지 않는다. 소그룹에서 서로를 매만지고 가르쳐 줄 때 변화가 일어난다. 반대로 아무리 역동적인 소그룹이라도 큰 영감과 동기 부여를 제공하기는 쉽지 않다. 많은 성도들이 모여 하나님을 경배하고 그분의 말씀을 들으면서 위로부터 오는 영감과 동기를 부여받게 된다. 이렇게 축제적인 예배와 역동적인 소그룹 시스템이 함께 균형 있게 공존해야 부흥을 이룰 수 있다. 따라서 교회의 리메이크에는 이 두 요소의 리메이크가 반드시 고려되어야 한다. 여기서는 이

두 가지 중 예배의 리메이크에 한정하여 살펴보도록 하겠다.

예배는 말 그대로 하나님께 절하며 섬기는 것이다. 신앙생활이라는 것이 예배로 시작해 예배로 마치는 것이기에 예배의 성공은 곧 신앙생활의 성공이다. 그렇다면 예배의 성공을 무엇으로 볼 것이냐가 중요하다 하겠다. 가장 중요한 것은 하나님이 영광을 받으시는 예배여야 한다는 것이다. 아무리 많은 프로그램이 있어도 하나님이 높여지지 않고 그분의 다스리심이 나타나지 않으면 예배가 아니다. 그저 종교 놀이(?)일 뿐이다. 하나님이 영광 받으시고, 그 예배 가운데 하나님의 일하심으로 성도들을 매만지시고 치유하시며 채우시는 예배가 성공적인 예배다. 그 예배에는 감격이 있고 감사가 있으며 무엇보다도 거룩한 사건들이 나타난다.

얼마 전에 우리 교회 청년들과 함께 싱가포르의 CHC교회와 FEBC교회 를 방문해 함께 예배할 기회를 가졌다. 전자의 교회에서는 셀 교회를 통해 하나님께 얼마나 많은 영광을 돌릴 수 있는지를 보았고, 후자의 교회에서는 예배를 통해 하나님이 승리하시는 모습을 보았다. 하나님이 예배 가운데 분명 수천 명의 회중들을 이기고 계셨으며 그들을 다스리며 일하고 계셨다. 물론 그분의 너무도 큰 영광 받으심을 느낄 수 있었다. 은혜 받음이 아니라 그분의 승리를 보고 나는 감격의 눈물을 흘리지 않을 수 없었다.

이제 교회가 예배를 다시 매만져야 한다. 예배가 살아야 하나님이 영광 받으시고 성도들이 살아나며 교회가 부흥한다. 예배를 살리기 위해서는 두 가지가 살아나야 한다. 하나는 하나님의 자리를 찾아 드리는 것이고 또 하나는 예배를 드리는 예배자들의 살아남이다. 고로 예배의 본질은 지키되 현대인들에게 맞는 옷을 입혀야 하는 숙제가 남는다.

하나님께 집중되는 예배

하나님은 우리의 수발을 들어주시는 종이 아니시다. 우리의 감정을 기쁘게 해주시는 분도 아니시다. 그분은 그 예배 시간을 통해 철저히 높여지셔야 할 분이다. 조수가 아니라 운전수로 내 인생을, 우리 교회를 인도하시는 분이다. 고로 그 예배의 최고의 주인공은 하나님이시다. 그분을 높여야 하고 그분이 임재하셔야 한다. 이 너무도 당연한 규칙이 현대 교회에서 무시되고 있다. 그들에겐 사람이 주인공이요, 운전수다. 주님은 그 사람들을 돕는 조연자에 불과하시다. 당연한 규칙이 무시되는 그런 예배 가운데 어떻게 하나님의 능력이 나타날 수 있겠는가?

이러한 문제의 해결을 위해 우리 교회는 찬송부터 바꾸었다. 우리의 감정에 충실한 찬송이 아니라 그분을 높이는 찬양, 예수 그리스도의 보혈을 높이는 찬양을 많이 불렀다. 참으로 신기한 것은 찬양의 변화를 통해 하나님이 감동하시는 것을 느낄 수 있었고 많은 기적과 표적이 나타나게 되었다는 것이다. 현대 교회의 크나큰 실수 중 하나가 우리의 감정 충족을 위한 찬송이 너무 많다는 것이다.

그 다음은 기도의 내용을 바꾸어야 한다. 지금까지는 우리의 필요를 구하는 기도가 대부분이었지만 주기도문의 첫 번째 기도처럼 '하나님의 이름이 거룩히 여김을 받으시기를 기도'하는 데 집중했다. 동시에 성령님의 임재를 사모하고 그분의 기름 부으심이 인생 문제의 종국적인 해결임을 알고 그분을 환영하는 기도를 올렸다. 기도를 통해 하나님을 영화롭게 해드리니 하나님이 기뻐하셨다.

입례와 퇴전의 의식을 통해 하나님의 임재를 표현하는 의식도 가졌다.

예배는 단순히 사람들만이 모였다가 흩어지는 것이 아니라 그 자리에 하나님을 모시고 그분을 높이는 것임을 알려주기 위함이었다. 입례와 퇴전 시에는 온 성도가 자리에서 일어나 찬양과 경배를 올리는 찬송을 불렀고 설교자, 인도자, 기도자가 입장했다.

설교 역시 사람들이 좋아하는 내용이 아닌 하나님의 일하심과 예수 그리스도의 십자가와 부활을 강조했다. 듣기 좋은 소리도 여러 번 들으면 식상한 법인데 이상하게도 복음은 계속 들어도 감동이 온다. 복음적인 사고만 가져도 사람들은 항상 기뻐하고 쉬지 않고 기도하며 범사에 감사하는 삶을 살게 된다. 헌금 역시도 하나님께 드림을 강조하면서 헌금자를 호명하거나 높이는 일은 하지 않았다. 헌금은 철저히 하나님의 은혜에 감사해서 드려야 하는 것임을 알게 한 것이다.

하나님이 높아지는 예배! 너무도 지당한 이야기인데 이것이 지켜지지 않으니 값싼 축복이나 은혜, 그리고 위로에 목말라 있는 영적인 아이(?)들만 양산하고 말았다. 특히 열린 예배나 현대적 예배를 드린다는 명분 아래 너무도 사람을 경배하는 오류를 범하고 있다. 하나님을 높이지 않으면 영적인 체질이 약화된다.

예배를 드리는 회중을 고려한 예배 구성

| 예배 순서의 단순화 |

종래의 예배는 지나치게 복잡한 순서로 구성되어 있는 문제점이 있었다. 그 순서를 좇다 보면 정작 중요한 것을 놓치는 경우가 있다. 상계교회의 경우 이러한 복잡한 예배의 순서를 단순화했다. 그 대표적인 것으로 묵도를 없앴으며 기도 시간과 순서를 줄였다. 특히 예배 시간에 타종(打鐘)을 조심해야 한다. 예배 중에 종을 많이 치면 말 그대로 예배가 종칠 가능성이 많다. 또 이로 인해 예배 순서 간에 이질감을 느끼게 된다. 예배 순서 소개는 물 흐르듯 단절됨이 없이 연속적이고 자연스러워야 한다.

| 성도 참여 중심의 예배 |

성도들이 예배에 많이 참여할 수 있도록 예배를 기획해야 한다. 종래의 목사 중심의 예배는 단조롭다는 단점이 있었다. 성도들이 자신의 언어로, 자신의 경험으로, 자신의 가치관으로 예배에 동참하면 참여 의식이 높아진다. 그렇게 되면 기도로 준비하고 많은 이들이 참여하게 되어 다양해지면서 처음 교회에 나온 분들도 은혜를 받는다. 또한 성도들의 언어로 이루어지니 많은 분들이 공감하는 장점이 있다.

성도들을 많이 참여시킬 수 있는 방법은 간증을 많이 도입하는 것이다. 회중 앞에 서는 것을 부담스러워하는 경우 녹화를 해서 보여 주는 것도 좋은 방법이다. 직접 회중 앞에서 간증을 하는 경우에는 반드시 사전에 원고를 작성하도록 하여 지나치게 간증이 길어지고 중언부언하는 것을 방지해야 한다. 이러한 간증은 녹화를 하여 교회 홈페이지에 자료로 올리는 것도 좋은 방법이다.

그 다음에는 성도들이 스스로 예배를 꾸밀 수 있도록 기회를 주어야 한다. 상계교회의 경우는 주일 저녁에 성도들이 만드는 예배를 드린다. 단순한 예배의 참여자가 아니라 기획하고 연출하는 입장에서 예배를 드린다. 당연히 문화적인 감각이 많이 반영될 수밖에 없다. 그러니 얼마나 신선하고 재미있겠는가! 각 교구별·부서별 헌신 예배, 성경 공부 수료 예배, 여름 수련회 보고 예배, 특별 새벽 기도회 감사 예배, 추수 감사절 감사 방송제, 전도 축제 후 감사 예배 등 개발하면 모든 교회 행사가 성도들이 만드는 예배의 재료가 된다.

또 성도들의 참여에 있어서 간과되기 쉬운 부분이 새 가족(상계교회의 경우 새 신자라는 표현 대신 새 가족이라는 표현을 사용하고 있다)의 참여다. 경험에 비추어 보면 새 가족의 참여가 매우 신선한 경우가 많았으며 기존의 성도들에게 더 큰 감동을 제공하게 되었다. 특히 새 가족 입장에서는 교회에 대한 소속감과 신앙의 성장에 큰 도움이 된다.

시설적인 여건이 허용된다면 온 성도의 참여를 위해 영상을 적절히 활용할 것을 권한다. 너무 많은 영상은 예배의 경건성을 해칠 수도 있지만 적절한 영상은 새 가족들도 예배의 깊은 자리에 들어올 수 있는 길을 만들어 준다. 찬송, 성경은 물론 설교의 중요한 부분을 파워포인트로 작업해 내보내면 설교를 듣기가 한결 편하다고들 한다.

21세기는 평신도 사역의 시대다. 평신도들을 구경꾼이나 관람객에 머물게 해서는 안 된다. 이를 위해 쌍방향의 예배를 기획하고 깊이 있는 참여를 유도해야 한다. 또한 성도들의 입장에서 예배를 만들어 나가야 한다.

| 따뜻한 분위기가 있는 예배 |

예배는 하나님 아버지 앞에 자녀인 우리가 드리는 모임이다. 고로 엄숙함도 있어야 하지만 기쁘고 즐거움이 넘쳐야 한다. 경건에 대한 잘못된 이해가 교회에 처음 발을 들여 놓은 사람들을 질식하게 만든다. 나는 분명히 믿는다. 자녀인 우리가 기쁘고 즐겁게 예배를 드리는 것을 하나님 아버지께서도 기뻐하시리라고!

이를 위해 적절한 인사와 스킨십을 유도한다. 설교를 듣기 전에 서로 안아 주고 등을 토닥거리며 축복해 주는 모습이 강대상에서 보면 그렇게 아름다울 수 없다. 칭찬법도 알려 주어서 잠시 서로 칭찬할 시간을 주면 예배 분위기가 금방 환해진다.

이 밖에도 특히 주일 예배의 경우 언어를 세속화(?)할 필요가 있다. 너무 종교적인 언어가 아닌 일반적인 언어를 사용해야 성도들이 공감한다. 특히 주일 낮 예배에는 새 가족이 많으므로 일반적이고 쉬운 용어를 사용해야 분위기가 밝아지고 따뜻해질 것이다.

| 예배 간의 차별화 |

예배 간에는 차별화가 필요하다. 이를 통해 다양한 연령과 계층의 성도들이 특화된 예배를 경험하게 할 수 있다. 또 동일한 예배 형태로 인한 지루함을 없앨 수 있다.

그리고 성도들의 입장에서 예배의 다양성을 추구해야 한다. 설교의 내용만 다를 뿐 동일한 형태로 예배를 드리게 되면 예배자의 입장에서는 저절로 '예배는 지루한 것'이라는 생각을 갖게 된다. 전 세계적으로 한국 교회처럼 예배가 많은 교회도 없을 것이다. 이 많은 예배를 차별화하여 다양한 계층의 사람들과 신앙 체험을 소화해 내는 노력이 필요하다. 이와 같은 생각으로 상계교회의 예배를 다음과 같이 차별화하였다.

- **주일 낮 1부 예배** – 바쁜 이들을 위한 예배

  2부 예배 – 청장년층을 위한 예배

  3부 예배 – 전통적인 예배

  4부 예배 – 청년들을 중심으로 한 예배

  5부 예배 – 찬양과 성경 강해가 있는 예배
- **주일 저녁 예배** : 교인들이 만들어 가는 예배(성경 공부나 행사를 활용)
- **수요 예배** : 세미나가 있는 예배
- **금요 심야 예배** : 기도가 있는 예배, 간증과 찬양, 안수 기도
- **토요 예배** : 전문직 종사자들을 위한 예배(실시 예정)
- **목장 예배** : 나눔이 있는 예배

주일 예배도 차별화하여 여러 대상들을 흡수하고자 노력했다. 시간도 탄력적으로 운용하게 되었고 다양한 대상들이 자신들의 예배처럼 받아들이는 효과를 얻었다. 주일 저녁 예배는 성도들이 만드는 예배로서 성도들의 참여와 행사적, 문화적인 요소가 가미된 한마디로 신나고 재미있는 예배로 구성하고자 했다. 처음부터 '요즈음 사람들은 저녁 예배에 잘 안 나온다.' 라고 믿으며 저녁 예배를 포기하는 우를 범하지 말고 성도들로 하여금 예배를 디자인하게 하면 참여도는 계속 높아진다.

수요 예배는 교육의 기회로 활용한다. 좋은 세미나가 있으면 담임 목사가 직접 인도한다. 새 생활 세미나, 리더십 스쿨, 법칙 시리즈 등 근간에 소개된 좋은 내용을 소화해 교안을 나누어 주며 예배한다. 저녁에 나오지 못하는 사람들을 위해 수요 낮 예배도 신설하면 저녁 예배 때만큼 나오게 된다.

금요 심야 예배는 부흥회처럼 인도하여 마음껏 기도하고 마음껏 찬양하며 축복 기도를 받게 한다. 예배가 진행되는 2시간 동안 일주일의 모든 고민과 스트레스를 주님 안에서 힘껏 풀고 주일을 준비하게 된다.

목자 예배(소그룹 모임) 때는 나눔의 예배를 드린다. 주일 낮 설교를 교안으로 만들어 은혜 받은 것과 그것을 적용해 누린 축복, 적용에 실패한 것들을 나누면서 함께 중보하고 기도해 준다. 이 나눔 중심의 예배는 온 교우들이 주일 설교를 잘 듣게 되는 부수적인 효과를 가져왔다. 또 설교를 한 번 듣는 것에 그치지 않고 삶에 적용하는 축복을 누리게 해주었다.

예배의 다양화는 현대인들을 예배의 방관자가 아닌 참여자로 만드는 매우 중요한 길이다.

| 감동이 있는 예배 |

무엇보다도 예배에는 감동이 있어야 한다. 우선은 하나님의 감동하심이 있어야 한다. 내가 그분을 믿으면 구원을 받지만 그분이 나의 믿음이나 헌신에 감동하사 나를 믿어 주시면 사역이 맡겨지고 상급이 주어진다. 그리고 예배를 인도하는 자나 참여하는 성도들의 감동이 있어야 한다. 감동이 있어야 헌신이 따라오는 법이다.

이를 위해 예배 전체가 감동의 재료가 되도록 기획되어야 한다. 특히 설교의 중요성은 누구나 공감할 것이다. 감동이 있는 예배를 위해 설교는 절대적으로 긍정적인 메시지를 전해야 한다. 비전 충만한 설교 또는 긍정적인 자아상을 심어 주는 설교가 그 예라 할 수 있으며 '형통 시리즈'와 같이 성도들의 필요를 채워 주는 설교가 필요하다. 예배 중에 설교에 맞는 찬양을 많이 부르는 것도 중요하다. 찬양은 가슴과 기도의 문을 열어 준다는 것을 잊지 말아야 한다. 설교 후 그 내용에 맞는 찬양 한 곡을 부르는 것이 어떤 때는 설교보다 더 큰 감동을 던져 주는 것을 많이 경험한다. 영감 있는 찬송을 반복적으로 부르는 것 또한 좋은 방법이다. 찬송의 문이 열리면 기도의 문이 열리고 기도의 문이 열리면 능력의 문이 열린다. 능력이 임할 때 말씀에 순종하게 되고 그 순종은 반드시 기적을 불러오게 되어 있다.

감동이 있는 예배의 키는 성령님의 일하심이다. 그분이 일하실 때 오는 감동은 세상 어떤 것과도 비교할 수 없다. 설교 후에 그분이 일하실 수 있도록 치유 기도를 드리는 것도 좋은 방법이며 합심 기도를 통해 한 사람 한 사람을 만지시도록 인도하는 것이 중요하다.

감동은 순간적인 감정의 울렁임을 넘어서는 것이다. 즉, 프로 정신에 입각한 전문화되고 세련된 예배 기획 및 준비를 통해 던져진다. 모든 순서에 참여하는 자들에게는 기도로 준비하고 나를 써주시는 하나님께는 감사의 예물을 준비하게 한다. 진행하는 자들은 큐 시트를 짜서 단 1분도 허비되지 않도록 해야 한다.

광고에도 즐거움과 감동이 있어야 한다. '광고는 제2의 메시지'다. 너무 길거나 무미건조하면 안 된다. 유머가 있는 언어로 핵심을 정확하게 짚어 주는 광고여야 한다.

건강한 교회, 성장하는 교회를 위해 예배의 회복이 그 어느 때보다 절실하게 요구되고 있다. 이를 위해 목회자들은 예배에 모든 것을 걸어야 한다. 생명력이 넘치는 예배가 진정한 부흥의 출발점이자 완성임을 잊지 말아야 할 것이다.

교육진흥주일

인도 : 1부-조운형 목사, 2부-박민경 목사, 3부-손성근 목사

※ 입 례 송	29장	다 같 이
※ 교 독 문	37번(이사야 40장)	인도자와 회중
※ 사도 신경		다 같 이
※ 송 영	2장	다 같 이
기 도	Ⅰ. 신내진 집사 Ⅱ. 선오현 권사	Ⅲ. 안승권 장로
찬 송	409(새 309)장	다 같 이
성경 봉독	마태복음 5:1~6	인 도 자
찬 양	Ⅱ. 먼저 그 나라와 그 의를 구하라	임마누엘 성가대
	Ⅲ. 주의 군대	호산나 성가대
설 교	**회복 시리즈(4)-의에 대한 갈망을 회복하라**	**서길원** 목사
결단 찬송	265(새 516)장	다 같 이
헌 금		다 같 이
헌 금 송		윤진영 외 2명
※ 봉 헌 송	69장(1절)	다 같 이

나 가진 모든 것 다 주의 것이니 그 받은
귀한 선물을 다 주께 바치네 아멘

※ 봉헌 기도		담임 목사
※ 축 도		담임 목사
※ 성도의 교제		다 같 이
※ 파송의 노래	502(새 445)장	다 같 이

※는 일어서서

♣ 다음 주 기도 - Ⅰ. 안소영 집사, Ⅱ. 신태화 권사, Ⅲ. 황중현 장로, Ⅳ. 정혜선 청년, Ⅴ. 정영자 권사

4부 예배	청년과 함께하는 젊은이 예배(오후 1:30 선교관 4F) • 기도 : 길미연 청년 • 성경 본문 : 여호수아 4:21~24 • 설교 : 부흥을 기억하고 기대하라(장익중 목사)
5부 예배	찬양과 시편 강해가 있는 예배(오후 2시 본당) • 기도 : 김영태 권사 • 성경 본문 : 시편 10편 • 설교 : 어찌하여 숨으시나이까?(손성근 목사)

주일 저녁 예배

서울연회 교회 학교 연합회 헌신 예배

저녁 7:30 인도 : 정효남 장로

찬 송 ······ 456(새 430)장 ······ 다 같 이

기 도 ······ 인치석 장로

성경 봉독 ······ 열왕기하 2:12~18 ······ 나병회 장로

교회 학교 소개 ······ 영상과 함께

특 송 ······ 꿈땅워십 팀/교사

설 교 ······ **엘리사 같은 제자를!** ······ **서길원** 목사

헌 금 ······ 연합회 임원

축 도 ······ 담임 목사

새벽 기도회-1부(5시, 시온성전), 2부(6시, 미션홀)
금요 심야 기도회-저녁 9시(본당)

수요 저녁 예배

사랑5지역 주최 예배

저녁 7:30 인도 : 홍미경 집사

찬 송 ······ 489(새 429)/394(새 354)장 ······ 다 같 이

기 도 ······ 허성윤 권사

성경 봉독 ······ 디모데전서 6:10~11 ······ 이순이 권사

특 송 ······ 축복의 사람들/사랑5지역원

설 교 ······ **새 생활 세미나(32)-가정 경제의 지혜** ······ **손성근** 목사

축 도 ······ 담임 목사

427 사랑 가득 Festival 감동 축제 진행 Cue Sheet

번호	순 서	내 용	담 당	시 간	분	준 비 물	비 고
1	경배와 찬양	영성 있게(복장 통일) 계단에 올라서서 (하단 추가 제작)	장익중 목사	7:10~7:30	20	자막기	
2	대표 기도		김광이 장로	7:30~7:33	3		
3	오프닝 공연	하늘소리북 팀의 오프닝 공연	동미라 사모	7:33~7:40	7	특수 조명, 카메라 show	
4	영상 간증	축하 : 홍정욱 의원 간증 : 노상만, 김미영, 홍순혁	방송실	7:40~7:44	4	조명 out	
5	성경 봉독	마가복음 9:23	사회자	7:44~7:46	2	자막	
6	특송	가브리엘 성가대	안미자 권사	7:46~7:50	4		
7	강사 소개	송재호 장로 소개	담임 목사	7:50~7:52	2		
8	간증	믿는 자의 능력	송재호 장로	7:52~8:36	44		
9	초청과 결단		담임 목사	8:36~8:46	10	결신서, 볼펜	
10	축도		담임 목사	8:46~8:49	3		
11	광고		담임 목사	8:49~8:52	3		
12	새 가족 환영	교회 소개, 예배 소개, 선물 분배	담임 목사	8:52~9:00	8	분배 계획서	
총 소요 시간			1시간 43분				

6장

설교 리메이크

세계 최대 금융·산업 복합 기업인 GE(제너럴일렉트릭)의 제프리 이멜트(Jeffrey Immelt) 회장이 한국을 방문했을 때 이렇게 말했다고 한다.

"내가 한국의 대통령이 되면 일어나서 잠들 때까지 경쟁력을 이야기할 것이다. 나는 항상 다음 세대 제품과 다음 투자국을 생각하고 있다. 어떻게 하면 GE를 계속 성장시킬 것인가만을 생각한다."

이 말에는 몇 가지 중요한 성공 포인트가 있다. 하나는 열정이다. 사업의 성공에 대한 열정이 그를 사로잡고 있다. 또 하나는 집중력이다. 흩어진 빛은 종이를 태우지 못하지만 한 점에 모아진 빛은 불이 되어 많은 것을 태우고도 남는다. 마지막은 경쟁력에 대한 그의 고민이다. 21세기는 1등만이 살아남는 경쟁의 시대다. 경쟁력이 있는 제품을 만들어 내야만 회사가 존재할 이유를 갖는다.

또 다른 한 세계적인 기업인의 말 속에는 설교에 대한 매우 중요한 도전이 숨겨져 있다. '경쟁력 있는 설교'에 대한 도전이 그것이다. 21세기는 설교 범람의 시대다. 원하기만 하면 뛰어난 설교자들의 설교를 듣거나 볼 수 있다. 이런 가운데 살아 있는 목회, 부흥하는 교회를 이루려면 '경쟁력 있는 설교'를 만들고 구현해야 한다.

사실 목회자에게 설교는 모든 것이라 해도 과언이 아니다. 설교를 통해 하나님의 마음과 비전, 능력을 드러내야 한다. 설교를 통해 자신의 인격을 드러내야 한다. 설교를 통해 교회 공동체를 만들고 교회 행정을 다루어야 한다. 설교가 살면 교회가 살고 설교가 죽으면 교회가 죽는다. 아무리 프로그램이 좋아도 목회와 교회는 설교로 시작한다는 사실을 기억해야 한다.

'경쟁력 있는 설교를 만들어라!'

이것이 이 시대 목회자들에게 주어진 하늘의 지상 명령이다. 어떻게 하면 경쟁력 있는 설교를 만들 수 있을까 고민하면서 몇 가지를 제언해 본다.

복음적인 설교를 만들라

설교에는 복음(gospel)이 반드시 들어가야 한다. 이 복음이 없으면 연설문이나 수필에 불과하다. 복음을 전하자는 것이 설교의 목적인데 오늘날 많은 설교들이 복음이 없는 설교를 구연한다. 설교자 스스로도 잘 모르면서 율법적인 설교를 하니 하는 자도 지치고 듣는 자는 더 절망하게 되는 경우가 많다. 율법적인 설교는 들으면 들을수록 무거운 짐이 되고, 나의 부족함이 느껴져 결국 절망하게 된다. 그러나 복음이 들어 있으면 우리가 부족함에도 불구하고 은혜를 주시고 써주시는 하나님을 바라보며 새 힘을 얻는다.

설교에서의 복음의 회복이 이 시대 설교의 최고의 과제인 것이다.

그렇다면 복음적인 설교란 무엇인가? 학문적으로 설명할 수도 있겠지만 쉽게 설명하면 '죄 되고 연약하고 부족한 나를 보게 하며, 그럼에도 불구하고 나를 버리지 아니하시고 사랑해 주시므로 다시 소생하게 하고 도전하게 하는 하나님의 은혜가 들어 있는 설교'가 복음적인 설교다. 자격이 없는데도 은혜로 형통하게 하심을 말해 주고 기대하게 하는 설교다. 나는 안 되는 사람인데 하나님이 개입하셔서 되는 존재가 되었음을 말해 주는 설교다. 복음은 철저히 하나님의 은혜를 말하는 것이고, 복음의 반대는 나의 공로, 나의 수고를 통해 형통을 일구려는 율법이다. 이 시대 강단의 황폐화는 윤리와 도덕주의에 얽매여 율법을 선포하는 것에서 시작된다.

다시 복음을 회복해야 한다. 복음 중의 복음은 십자가와 부활이다. 주님의 보혈을 통해 용서의 은총이 말로 전해지고, 부활을 통해 창조의 능력이 말로 전해지며, 하나님으로 인한 비전과 소망이 말로 전해지고, 긍정의 삶이 말로 전해진다. 이 복음적인 설교에는 인간의 유한함과 위대함이 잘 조화되어 있다. 하나님의 공의와 은혜도 잘 조화되어 있어 아름다운 색채의 인생을 그려 준다.

요한복음 8장의 간음하다가 현장에서 잡힌 여인에 대한 율법주의자들과 예수님의 태도를 고찰해 보면 복음이 무엇인지 잘 드러난다. 율법주의자들은 간음하다가 현장에서 잡히면 돌로 쳐서 죽이라는 문구에 붙잡혀 있다. 간음 하나만의 이유로 그 여인의 생명이나 인격은 무참히 짓밟는다. 그리고 예수님까지 넘겨주려고 한다. 하지만 예수님의 대응을 보라.

"너희 중에 죄 없는 자가 먼저 돌로 치라!"

이 한마디로 모든 사람들 속에 있는 죄인 됨과 죄의 본성을 깨우치신다. 아무도 그녀를 정죄하지 못하게 하신다. 죄인이 죄인을 정죄하는 것이 얼마나 어리석은지를 보여 주신다. 그리고 완전히 벌거벗겨진 그 여인에게 말씀하신다.

"나도 너를 정죄하지 아니하노니 다시는 죄를 범하지 말라!"

이는 용서의 선언과 미래에 대한 결단을 촉구하심이다. 결국 어떻게 되었는가? 그 여인은 훗날 예수님의 십자가 길에 동반자가 되어 주님의 일을 이루는 거룩한 자가 되지 않았는가!

요한복음 9장의 시각 장애자에 대한 제자들과 예수님의 시각을 비교해 보면 복음적인 설교와 율법적인 설교가 극명하게 구분된다. 제자들은 이 사람이 누구 때문에 시각을 잃게 되었는지에 대해 관심을 갖는다. 이것은 매우 과거 지향적인 시각이며 잘못한 사람을 찾아 정죄하는 것 외에는 별다르게 할 일이 없다. 도리어 절망만 가져온다. 그러나 주님의 접근을 보라.

"이 사람이 맹인이 된 것은 그에게서 하나님이 하시는 일을 나타내고자 하심이니라."

하나님의 시각으로 그를 바라보라. 하나님의 능력으로 그의 문제를 보면 별것 아니다. 하나님의 시각으로 바라보면 그 문제는 기적의 재료로서 그의 삶에 환희와 감격을 가져다주는 재료에 불과하다. 그것만이 아니라 하나님께 영광을 돌리는 거대한 울림도 된다. 결국 어떻게 되었는가? 그는 실로암에서 예수님의 말씀대로 눈을 뜨는 기적을 체험하게 되어 하나님께는 영광을, 이웃에게는 소망을, 자신에게는 미래가 열리는 축복을 경험하게 된다.

누가복음 15장의 탕자의 비유에서는 복음과 율법이 가장 극적으로 대비된다. 자신의 수고와 공로를 토대로 한 큰아들이 바로 율법의 대표다.

'아버지를 위해 이렇게 죽도록 일한 저한테는 염소 한 마리 주지 않으시더니 아버지의 재산을 탕진하고 집안을 혼란하게 한 둘째를 위해서는 송아지를 잡으십니까?'

그러나 아버지의 입장은 다르다. 아버지가 보기에는 '그놈이 그놈'이다. 큰아들은 자기 동생이 살아 돌아왔는데도 기뻐할 줄 모르는 집에 있는 탕자고, 작은아들은 집을 나가 방탕한 생활을 했던 탕자다. 아버지는 행동이 아니라 철저히 생명의 관점에서 보고 있는 것이다. 행동은 그리 기대할 만한 것이 못된다. 중요한 것은 생명이다. 영혼이다. 그래서 아들이 돌아오자 목욕을 시키고 옷을 입히며 금가락지도 끼워 주고 잔치까지 벌인다. 이 아버지의 행동이 작은아들에게는 복음인 것이다.

'나는 대접 받을 자격이 없는데 이렇게 환대해 주시다니, 바르게 살아야겠구나! 효도해야겠구나!'

거기에 감격이 있는 바른 삶에 대한 결단이 나타나게 된다.

복음적인 설교는 인간의 생명, 즉 영혼을 보는 것에서 시작된다. 그것이 너무도 귀하기에 하나님의 아드님이 대신 십자가에서 희생하셨다. 이 생명과 영혼의 입장에서 보면 인간의 문제가 적나라하게 보인다. 절대 안 되는 존재인데, 정말 안 되는 자인데 하나님은 버리지 아니하시고 사랑해 주신다. 찾아오시고 채워 주신다. 그리고 우리에게 흉내만 내게 하시고는 당신이 다 하신다. 내가 1을 하고 하나님은 9를 하신다. 그리고는 '네가 다 했다.'라고 선언하신다. 우리의 문제보다 크신 그 하나님이 나의 하나님이심이 복음이다.

그분의 사랑과 은혜, 능력을 바라보기만 해도 미래에 대한 희망을 가지고 결단하게 된다. 인간의 실존 직시-하나님의 은혜와 능력에 대한 믿음-결단-새로운 삶의 전개-기적의 창출! 이것이 복음적 설교의 패러다임이다.

복음적인 접근만 해주어도 시각 장애자가 실로암 물가로 내려갈 용기를 갖게 한다. 현지를 가본 사람은 알겠지만 시각 장애자가 실로암까지 간다는 것이 얼마나 험한 길이었겠는가! 눈먼 바디매오가 그 많은 사람들의 방해에도 불구하고 옷을 벗은 채 달려가는 용기 역시 주님의 복음적인 터치를 통해서 나왔다. 그렇다면 복음적인 설교를 만들기 위해서는 무엇을 해야 하는가?

먼저 성경에 나타난 하나님의 모습을 찾아야 한다. 여호와, 주님, 성령님, 비유의 모습까지 철저히 찾고 교훈을 찾으며 묵상해야 한다. 하나님에 대해 묵상하는 만큼 복음적인 설교가 가능해진다. 여기서 하나님의 모습이란 성부, 성자, 성령의 행동하심, 의도, 능력 등 모든 것을 의미한다. 이 부분을 깊이 묵상하면 할수록 복음의 색채가 짙어진다. 하나님을 깊이 묵상하여 은혜의 샘이 터지면 그때 감격이 나타난다.

앞에서 언급한 누가복음 15장의 탕자의 아버지를 보면서 하나님의 은혜를 묵상하면 감격스럽기까지 하다. 대부분의 사람들은 돌아온 탕자를 형처럼 인격과 소유의 관점에서 대한다. 그가 아버지의 재산을 다 날렸으니 고생을 하고 벌을 받아야 한다고 생각한다. 또 그는 집을 나가 못된 짓을 하였으니 대접 받을 자격이 없다고 여긴다. 그러나 아버지는 그를 그렇게 대하지 않는다. 인격과 소유를 넘어 아들이라는 존재와 생명이라는 입장에서 그를 대한다. 죽지 않고 살아서 아버지의 품으로 돌아와 준 것만으로도 고

맙다. 그래서 아버지는 아들을 닦아 주고 동네 사람들을 모두 불러 잔치를 베푼다. 이런 아버지를 깊이 묵상하면 십자가의 예수님이 보인다. 죄 많은 나를 버리지 아니하시고 십자가 앞에 왔다는 한 가지만으로도 기뻐하시며, 당신의 수고는 아무것도 아닌 것처럼 그 앞에 있는 내가 전부인 것처럼 대해 주신다. 아버지 앞에서 다시 시작하는 그 작은아들처럼 우리도 그분 앞에서 다시 시작해야 한다. 그것이 부활이다.

다시 비교해 보자. 동생의 인격과 소유만을 본 큰아들의 시각은 철저히 미래도 없고 소망도 없는 절망이다. 그의 생각에 동생은 벌을 받아 마땅하다. 그러나 생명과 아들이라는 존재로 대해 준 아버지의 시각은 감격이자 소망이며 저절로 바르게 살겠다는 결단을 가져오게 한다.

성경은 하나님이 그려진 말씀이다. 요한복음 1장 1절에 "말씀은 곧 하나님이시니라."라고 하지 않았는가! 성경 안에 나타난 하나님의 모습을 찾아내고 깊이 묵상하라. 그러면 설교자 자신이 은혜를 깊이 받게 되고 또 그만큼 복음적인 설교를 구성할 수 있게 된다.

복음적인 설교를 위해 그 다음 해야 할 일은 하나님을 묵상한 후 성경 본문에 나오는 인간의 죄의 본성과 문제를 정확히 찾아내는 것이다. 매우 신랄하게 찾아내는 만큼 하나님의 은혜가 빛나고 그만큼 감격이 주어진다.

탕자의 죄는 무엇인가? 아버지를 떠나 독립하려고 하는 것에서 시작된다. 그래서 아버지의 충고도 받아들이지 않고 아버지의 경험도 무시한다. 아버지를 무시하니 아버지의 소유를 가볍게 여기게 된다. 아버지의 것을 내 것으로 착각하는 현대인들의 모습이기도 하다. 이런 식으로 하나씩 파고들어 가면 인간의 실존이 얼마나 부패해 있는지가 드러난다. 그 모습을 내 삶에 적용하여 묵상하면 은혜로 받아들여지는 나, 용서 받는 나, 보호 받고 인도함 받는 나의 모습이 너무도 잘 그려질 수 있다.

거꾸로 하지 말라. 먼저 성경 안에 그려진 하나님을 보라. 그리고 인간의 실존을 보고 그것을 오늘의 상황과 연결시키면 복음의 물줄기가 솟아오르게 된다.

시사적 강해 설교를 만들어라

설교의 2대 과제는 성경을 통해 주시고자 하는 하나님의 말씀을 전하는 것과 이 시대 사람들의 문제에 대한 해답을 주는 것이다. 전자를 강조한 설교를 주해 설교라 한다면 후자를 강조한 설교는 시사적 설교(topical sermon)라고 할 수 있겠다.

생명력 있는 강단이 되려면 이 두 가지가 반드시 함께 가야 한다. 전자가 약해지면 시사적인 수필이 되고 후자가 약해지면 설교의 시대성이나 박진감이 떨어진다. 이 두 가지가 함께 가는 설교를 시사적 강해 설교(topical expository sermon)라 명명해 본다. 시사에 대해 성경적인 대답을 주는 설교라 하겠다.

시사적 강해 설교를 만들려면 먼저 통찰력을 통해 현재의 문제를 찾아내야 한다. 이 시대 사람들의 시대적인 고민과 성도들의 실제적인 문제에 대한 해답을 주는 설교는 얼마나 박진감이 있을까를 상상만 해도 기분이 좋아진다. 대부분의 설교에 대한 관념은 고루하다는 것이다. 잔소리 정도로 듣는 것이다. 그러나 본인들의 문제가 설교를 통해 주어지고, 이 시대의 문제에 대해 성경적으로 해답이 주어진다면 설교는 절대 고루하지 않을 것이다. 생명력이 차고 넘칠 것이다.

또한 문제 제기가 분명해야 설교에 현실감이 있다. 문제 제기가 약하면 해답이 약해진다. 좋은 설교와 그렇지 못한 설교의 차이는 얼마나 명확하게 그리고 현실감 있게 문제를 제기하고 있는가에서 시작된다. 바로 현대인들의 고민을 찾아야 하는 것이다. 하나님이 주시고자 하는 문제를 찾아야 하고 그것을 설교의 서론에 아주 명확하게 표현해야 한다. 이를 위해 양질의 독서가 필요하다. 많은 양이 아니더라도 시대를 알 수 있는 독서를 해야 한다. 최근의 잡지를 구독하거나 소설, 수필집, 시집, 신앙 서적, 신학 서적을 한 권 이상씩 읽어야 한다. 인터넷이나 신문을 통한 뉴스 분석도 좋은 자료가 된다.

여기서 그치면 안 된다. 성도들과의 만남 또한 매우 소중하다. 직접 그들의 고민을 듣는 것보다 더 현실적인 것은 없으므로 심방이나 성경 공부를 통해 만나야 한다. 찾은 문제들을 잘 메모하는 습관도 매우 중요하다. 메모하지 않으면 바로 망각하는 것이 우리 인간의 뇌 구조다.

시사적 강해 설교를 만드는 그 다음 단계는 그 해답을 성경에서 찾는 것이다. 문제를 부여잡고 깊이 기도하면서 주님의 말씀을 기다리는 것이 좋다. 여기서 기다림은 성경을 찾는 것까지 포함된다. 문제의 본질을 다루면서도 복음이 들어 있는 본문을 찾는 것이 시사적 강해 설교를 만드는 데 매우 중요하다. 평소에 묵상의 중요성을 여기서 알 수 있다. 늘 성경을 가까이 하며 묵상하면 어느 순간 영감이 되어 튀어나온다.

그러나 본문을 정했어도 너무 문제의식을 가지고 보지 말고 본문으로서 깊이 보는 것이 중요하다. 그러지 않으면 본문을 이용하는 우를 범하게 된다. 나의 경우는 이런 것을 피하기 위해 1년에 성경 한 권을 정해서 주일마다 강해하여 나가는데 본문 자체의 강해가 아니라 평소에 발견한 문제를 가지고 본문을 바라보는 식으로 진행한다.

창세기의 경우 인물 중심으로 본문을 보되 1~11장까지를 은혜 시리즈로, 아브라함을 성장 시리즈로, 이삭을 성숙 시리즈로, 야곱을 개척 시리즈로, 요셉을 형통 시리즈로 구분하여 설교했다. 분명히 이 시대의 문제가 제목에 들어가 있고, 성경의 인물을 통해 일하신 하나님을 소개함으로써 그 해답을 드러내고자 한 것이다.

출애굽기는 1~15장 홍해 도하까지를 부흥 시리즈로 보았다. 2007년은 평양 부흥 100주년으로 부흥을 열망하는 시기이기 때문이며, 애굽에서의 탈출과 광야에서의 기적은 하나님의 위로부터 쏟아부으시는 은총을 통해 이루어진 부흥 사건이기 때문이다. 그러나 홍해 도하 이후부터 시내산까지는 광야에서 훈련 받는 기간이기에 훈련 시리즈로 설교했으며 그 이후 십계명부터는 성화 시리즈로 설교하고 있다.

시사적 강해 설교는 이 시대의 주요한 요구라고 생각한다. 이는 시사적이면서도 복음적이고 성경적인 설교다.

감동적인 설교가 되게 하라

21세기의 중요한 흐름은 '감성'이다. 논리적인 이성과는 달리 감성 시대에는 감동이 필요하다. 마음껏 웃고 울어야 한다. 유머 설교가 유행하는 이유도, 영화 설교와 같은 감성 터치적 설교가 제시되는 이유도 지금이 감성의 시대기 때문이다. 감동적인 설교가 되려면 다음을 기억해야 한다.

| 예화 사용 |

좋은 예화는 설교를 빛나게 하고 실감 나게 한다. 도입과 마무리 부분에 좋은 예화를 사용하는 것은 문제 제기를 명확하게 하고 분명한 결단을 촉구하는 데 매우 효과적이다. 우리 교회에서 현 밀알단장이신 이민우 장로님을 초청해 간증을 들은 적이 있다. 장로님은 하나님의 음성을 들은 후 59평 아파트를 처분하고 12평 아파트에 살면서 어려운 자들과 함께하는 삶을 고백하셨는데 이 실제적인 이야기를 듣고 성도들 중에 같은 형태의 결단을 내리는 경우를 보았다.

그러나 너무 많이 알려지거나 고루한 예화는 효과를 반감시킨다는 것에 주의해야 한다. 즉, 최신의 예화로 현실 감각이 있어야 한다. 이를 위해 항상 예화를 준비하는 습관을 가져야 한다. 평소에 컴퓨터, 신문, 책 등을 통해 예화를 찾아 메모하고 정리해 놓으면 설교를 구성할 때 많은 도움이 된다.

예화를 위해 설교 도우미를 활용하는 것도 좋다. 설교자가 아무리 많이 준비해도 여러 사람이 하는 것보다 폭넓지는 못하다. 젊은이들, 중년들, 남성과 여성, 전문가들의 도움을 받는 것도 좋다.

| 제스처와 아이 콘택트 |

감동적인 설교를 위해 제스처(gesture)와 아이 콘택트(eye contact)를 잘 구사하는 것이 중요하다. 적당한 제스처는 설교의 박진감을 더해 준다. 제스처를 구사할 때는 너무 크지도 작지도 않게 하는 것이 좋다. 자신의 가슴 너비를 활용하는 것이 좋다. 아이 콘택트는 잘하면 설교가 매우 직접적으로 다가오게 한다. '나와 상관있는 설교' 앞에 누가 감동하지 않겠는가! 사랑스러우면서도 강렬한 눈빛, 전체를 보면서도 한 사람 한 사람의 시선을 장악하는 것이 매우 중요하다.

| 합심 기도와 영성 있는 찬양 |

설교에 감동을 더하기 위해서는 합심 기도와 영성 있는 찬양을 구사하는 것이 좋다. 사실 요즘은 예배 시간에 기도 소리가 너무 작다. 설교를 듣고 난 후에 통성으로 기도해야 그 말씀에 육화된다. 허용되는 범위에서 가능한 한 많은 시간을 기도하게 하는 것도 좋다. 혼자 기도하기 어려운 사람들을 위해서는 짝 기도나 그룹 기도를 하게 하는 것도 좋다. 또 가슴에 손을 얹고, 두 손을 들고, 일어나서, 한 중보 대상자를 위해 기도하는 것도 설교를 육화하고 설교를 통해 하나님의 능력이 나타나게 하는 매우 좋은 방법이다.

설교 후 기도 전에 그날 설교와 내용이 맞는 찬송이나 찬양을 한 곡 부르는 것도 중요하다. 아니면 성도들이 잘 아는 힘 있는 곡을 서너 곡 메들리로 힘껏 부르면 기도가 준비되고 영성의 문이 열린다. 이러한 찬송 한 곡이 예화 열 개보다 더 위력적일 때도 있다. 찬송의 입이 열려야 기도의 문이 열리고 기도의 문이 열려야 능력이 임하지 않는가! 현대인들에게 음악은 각별하다. 감성의 시대기 때문이다. 부흥하는 교회의 특징 중 하나가 찬양이 살아 있다는 것임을 놓치면 안 된다. 찬송이나 찬양은 반드시 영성을 고려하여 선곡해야 하며 약간 빠르고 힘 있게 부르도록 한다. 감동이 되는 후렴 부분은 반복하는 것도 효과적이다.

| 음성의 전문화와 마이크 테크닉 |

음성의 전문화와 마이크 테크닉을 키우는 것도 설교 전달을 위해서는 매우 중요하다. 사실 설교자는 연출가이자 배우다. 그것도 하나님의 말씀을 전하는 자이니 얼마나 전문적이어야 하는가를 짐작할 수 있다. 우선 음성의 고저(tone), 발성(diction), 강세(accent)를 잘 고려해야 한다. 거장은 길러진다고 하니 변성기부터 음성을 가다듬고 신학교 시절에 화성학이나 발성을 공부하는 것도 좋다. 현장 목회자들 역시 녹음을 해서 들어 보고 음색이나 크기, 강약 등을 조절하는 것이 필요하다. 마이크를 사용할 때도 전문성을 갖추는 것이 좋다. 본인의 음색에 맞는 마이크를 선택하고 크기를 조절하며 회중석의 스피커를 과학적으로 설비하는 것이 매우 중요하다. 통성 기도를 인도할 때도 인도자의 소리가 너무 크면 회중은 그 소리만 듣고 있게 된다. 처음에는 힘껏 밀어주지만 곧 스스로 기도할 수 있도록 밀어주는 정도가 좋다. 설교 때도 그렇다. 정말 세밀하게 강단의 매너나 마이크 테크닉을 연구하고 발전시켜야 한다.

| 영상, 드라마의 활용과 간증 도입 |

좋은 영화나 드라마에 나오는 장면, 대사 하나가 매우 깊은 감동으로 남을 때가 많다. 교회에서 이루어지는 행사도 잘 녹화해 두었다가 사용하면 큰 효과를 볼 수 있다. 모든 것이 자료가 될 수 있다는 생각으로 늘 자료를 모으는 습성을 가지면 누구든지 좋은 영상을 제공하며 감동적인 설교를 만들 수 있다. 또 절기나 특별 예배의 경우 교인들이 직접 만든 스킷 드라마를 활용하면 매우 강렬한 인상을 남길 수 있다. 돌아오는 절기마다 다른 설교를 하기 위해 많은 목회자들이 고민하게 되는데 성도들의 이 스킷 드라마를 활용하면 신선함과 함께 더 큰 감동을 선사할 수 있다.

간증을 잘 활용하는 것도 쉬우면서 효과적인 방법이다. 설교 전에 성도가 간증하는 방법인데 직접 하면 자칫 길어져 예배 분위기를 흐릴 수 있으니 영상으로 녹화해 3, 4분 정도 내보내는 것이 좋다. 설교 전의 간증은 성도들의 언어인 만큼 구체적이고 실제적이며 많은 기대감을 갖게 한다. 게다가 대부분 교회에서 진행된 프로그램이나 기도회, 예배 등을 통해 받은 은혜를 나누는 것이기에 교회에 대한 자부심과 프로그램 등에 대한 피드백에 좋은 영향을 끼치게 된다.

어느 원로 목사님이 하신 농담조의 말씀이 생각난다.

"목사는 강단에서 울리든지, 웃기든지, 무섭게 혼내든지 이 중에 한 가지는 잘해야 하는 거야!"

가만히 생각해 보면 감동적인 설교의 중요성을 강조하는 말이다. 요즈음 강단은 참 많이 웃는 강단이 되었다. 예견하건대 곧 눈물의 강단이 찾아올 것 같다. 웃음보를 건드리는 설교를 넘어 울음보를 건드리는 설교를 미리 준비해 놓으면 새롭게 부각되는 설교자가 되지 않을까 생각한다.

행정이 녹아 있는 설교가 되게 하라

목사에게는 요구되는 것이 참 많다. 예배 인도자, 설교자, 심방자, 상담자, 교사 등의 역할이 그것이다. 현대에 와서 또 하나 중요해진 요구는 행정가와 경영자의 면모다. 교회도 사람들이 모인 공동체기에 행정과 조직이 필요하고 그 조직을 운영하는 경영이 필요해진 것이다.

이 목사의 행정과 경영은 단순히 회의로만 가능한 것이 아니다. 교회는 이익 집단이나 경제 집단이 아니기 때문이다. 다시 말하면 경제적인 제재나 이익 분배를 통해서는 조직을 이끌어 갈 수 없다는 것이다. 교회의 경영은 은혜와 감동을 주어 성도들로 하여금 그 경영에 참여하게 해야 한다. 이를 위해 아주 중요한 것이 예배 후반부의 광고와 설교다. 누군가 광고는 '제2의 설교'라 했다. 광고를 어떻게 하느냐에 따라 모임의 활성화가 결정된다는 말이다.

또한 행정이 녹아 있는 설교를 만들 수만 있다면 최고의 행정과 경영의 효과를 불러올 수 있다. 교회 행사나 프로그램, 회의와 전혀 상관없는 설교가 아니라 은혜 안에, 복음 안에, 메시지 안에 행정이 녹아 있게 해야 한다. 그렇게 되면 회의 없이도 전 교우들이 동참하게 된다. '행정이 녹아 있는 설교를 연구하라.'는 요구는 어쩌면 이 시대 설교자들에게 가장 중요한 것일 수도 있다.

행정이 녹아 있는 설교를 하려면 첫째, 평소에 교회 비전을 분명히 하고 공유함으로써 그 비전이 교인들의 마인드요, 생활이 되게 해야 한다. 분명한 비전을 공유한다면 그 비전 안에서 이루어지는 교회의 어떤 일에도 반감이나 생소함을 갖지 않게 된다.

둘째, 미리미리 준비해 그 행사나 프로그램을 실시하기 전에 청유형의 언어로 교인들을 설득해야 한다. 상계교회를 예로 들어 보겠다. 상계교회에서는 2008년부터 점심 식사 시 헌금을 하기로 했다. 이를 위해 몇 주 전부터 남아프리카 공화국에 파송된 선교사님과 통화를 하여 우리가 지원할 분명한 아이템을 정했다. 바로 에이즈 환자에게 식사를 제공하는 것이었다.

에이즈 환자 한 사람의 하루 식사비가 1,700원이라고 한다. 나는 교인들에게 설교 시간에 선교사 후원을 강조하면서 구체적인 방법을 제시했다. 우리가 밥을 먹을 때 기쁘게 단돈 1천 원이라도 헌금하는 것이 어떻겠냐고 말이다. 성도들은 아멘으로 화답했고 그것을 장로님들과 최종 합의하여 새해 첫 주에 시행했다. 큰 저항 없이 헌금하게 되었고 그 헌금을 선교사님께 선교비로 보내드리고 있다. 이렇게 미리 준비하여 구체적인 아이템을 제공하고 청유형의 언어로 교인들을 설득하여 참여 의식을 유도하는 것이 행정이 녹아 있는 설교다.

셋째, 문제를 예방하는 설교를 해야 한다. 일단 문제가 야기되면 치료하는 데 많은 에너지가 소비된다. 그러나 항상 미래를 예견하고 문제를 예방하는 설교를 하면 교회도 평안하고 목회자도 쓸데없는 것에 에너지를 소비하지 않아 목회에 집중할 수 있다.

쉬운 설교가 되게 하라

쉬운 설교를 만드는 것은 누구나 바라는 일이지만 참 어려운 일이다. 쉬운 설교가 되려면 우선 설교자 본인이 그 설교를 완전히 이해하고 스스로 체득해야 하기 때문이다. 자신이 경험한 것은 어려울 리가 없는 것이다. 또 설교자는 유식해 보이고 싶은 유혹을 버리기가 힘들다. 전문 용어나 외래어를 써야 유식하고 설교 준비를 많이 한 것처럼 보인다고 생각하지만 그렇지 않다.

쉬운 설교를 만들려면 첫째, 논리가 있어야 한다. 어렵게 느껴지는 것은 논리가 없기 때문이다. 아무리 어려운 것도 논리가 있으면 이해하기가 쉽다. 설교 전체에 논리가 있으려면 우선은 문제 제기가 분명해야 한다. 문제가 없으면 답도 없다. 문제 제기가 분명한 만큼 답도 분명해지고 따라오는 청중들의 사고 작용 또한 분명해진다. 분명한 문제 제기 후 성경 본문에서의 해답을 제시하는 작업이 필요하다. 이는 정확하고 예리한 성경 분석이 전제가 된다. 사실 성경 본문 자체에도 반드시 갈등 구조가 있고 문제 제기도 있으며 그것에 대한 대답이 분명히 있다. 그것을 찾아 현대어로 각색하고 현대의 문제에 대한 답으로 바꾸어 주는 것이 설교자의 책무다. 이야기식 설교든 대지 설교든 형태는 상관이 없다. 나는 대지 설교를 주로 하는데 대지 설교를 함에 있어서도 첫째와 둘째와 셋째 간에 논리적인 연결이 반드시 있어야 한다. 그리고 마지막에는 제기된 문제에 대한 본문이 주는 답을 오늘에 적용해 분명한 결단을 촉구해야 논리적인 설교가 된다. 이 마지막 부분이 없으면 나와 상관없는 설교가 되고 박진감이 떨어진다. 분명한 논리로 설교 전체가 간단히 요약되어야 성도들의 머리에 남게 된다.

둘째, 쉽고 실제적인 언어를 구사해야 한다. 어렵거나 진부한 언어는 내용의 난이도와 상관없이 설교 자체를 어렵게 만들어 아무도 듣지 않게 한다. 시대를 알 수 있는 잡지나 개그 프로그램을 보는 것도 현대 언어를 갖추는 좋은 방법이 된다.

셋째, 우리 주변의 예화를 사용해도 쉬운 설교로 성도들에게 각인된다. 너무 오래된 예화를 소개하면 설교가 식상하고 진부해진다. 또 너무 학구적이고 미래적인 예화는 '아이고 머리 아파!'라는 생각으로 설교를 듣지 않게 만든다. 금요일까지 설교 준비를 마치고 토요일에는 성도들을 심방하는데 그때 얻는 힌트나 예화가 설교에 큰 힘이 된다는 어느 목사님의 말에 공감이 많이 간다.

넷째, 청중들이 지금 필요로 하는 요구를 충족시키는 설교를 하면 성도들은 설교가 조금 어려워도 어렵다고 느끼지 않는다. 늘 심방하여 성도들의 애환을 듣고 신문과 잡지를 통해 시대를 읽어 그때그때 필요한 욕구를 찾아내 성경적인 답을 제시할 수 있다면 성도들은 어려운 설교를 들어도 쉬웠다고 판단하며 귀를 기울일 것이다.

자신만의 색깔이 있는 설교가 되게 하라

이는 어쩌면 가장 어려운 대목일 수 있다. 이 지점을 넘지 못하면 우리는 그저 '또 하나의 설교자'일 뿐이다. 그러나 자기만의 체험과 색조가 있는 설교(own message)를 하면 이 시대에 꼭 필요한 바로 '그 설교자'가 되는 것이다.

이러한 설교를 만드는 방법은 사실 간단하다. 설교자 자신이 성경 말씀대로 살고 그 살아가는 이야기를 하는 것이다. 그러나 많은 경우가 그렇지 못한 것이 현실이다. 종종 설교를 위해 성경을 보게 된다. 내가 먹고 소화해야 하는데 그렇지 못한 상황에서 구연되고 마는 것이다.

자신만의 설교를 위해 평소에 묵상하여 은혜가 된 것을 늘 메모해 두고 그것을 잘 정리하여 선포하는 설교자가 되어야 한다. 큐티의 중요성이 여기에 있고 하나님과 설교자의 직접적인 관계 형성의 중요성이 여기서 드러난다. 고로 자신만의 설교를 원하는 설교자는 하나님과 깊은 대화가 가능한 기도의 골방이 있어야 한다.

그리스도의 보혈과 성령의 기름 부으심이 있는 설교가 되게 하라

모든 설교의 출발과 마무리는 '하나님의 말씀을 선포'한다는 것이다. 고로 아무리 유창하고 완벽한 문장이라도 보혈의 능력의 적심과 성령의 기름 부으심이 없으면 좋은 설교가 아니다. 고로 설교는 작성하기 전에 또 작성한 후에 이것을 위해 깊이 기도해야 한다. 기도하면서 이 말씀이 선포될 때 성도들이 변화되는 환상을 보아야 하며 하나님이 기뻐하실 모습을 그려 보아야 한다. 설교자가 자신의 설교에 대해 믿음이 없으면 은혜를 끼치기에는 역부족이다. 보혈의 적심과 성령의 기름 부으심을 위해 기도하면 내가 먼저 은혜 받고 그 설교에 대한 믿음이 생기게 되는 것이다.

그러나 여기서 주의해야 할 것은 은혜라고 해서 논리가 없어도 되는 것은 아니라는 점이다. 가능하면 완벽한 문장을 구성하고 중요한 포인트를 체크해야 한다. 설교 전체를 머리에 그릴 수 있고 자유롭게 구연할 수 있어야 한다는 뜻이다.

'경쟁력 있는 설교'라는 타이틀만큼 부담되는 것도 없지만 이처럼 복된 말도 없다. 하나님이 세우시지 않으면 세상 그 누구도 설교자가 될 수 없다. 설교자는 하나님의 말씀을 선포해 영혼을 살리는, 정신 혁명을 주도하는 하나님의 종이다. 이 얼마나 복된 일인가! 설교하는 일이 즐거워야 하고 설교하기를 기대해야 한다. 경쟁력 있는 설교를 통해 하나님의 교회가 다시 일어서게 되리라 확신한다.

7장

양육 리메이크

목회를 하면서 가장 필요한 줄 알면서도 가장 시도하기 어려운 것이 양육이 아닌가 싶다. 신학교 시절이나 목회 초년병 때 선교 단체에 가입하거나 성경 공부를 해본 경험이 있다면 혹은 양육 프로그램이 잘 만들어진 교회에서 성장하거나 부교역자를 경험해 보았다면 소위 '본 것'이 있으니 가능하겠지만 많은 목회자들은 그런 경험이 없기에 시도조차 못하고 속만 끓는 경우가 많다.

나 역시 그런 경험이 많은 목사는 아니다. 처음 세례를 받을 때 새 신자 학교에 참여한 것이 전부였다. 그러나 군목 시절 양육을 위한 도전을 무작정 시작했다. 성경 공부 테이프를 구입해 듣고 메모하고 그리고 정리하여 가르쳐 보았다. 그때 해본 것이 두란노서원에서 나온 『일대일 제자 양육』과 프리셉트에서 나온 『새 생활 세미나』였다. 그런데 그 결과가 참으로 놀라웠다. 나도 양육을 할 수 있다는 자신감이 생겼고 또 그 양육 모임에 참여한 분들이 잘 성장하는 것을 본 것이다. 시도할 때 하나님이 복을 주시고 또한 가르칠 때 가장 많이 배운다는 진리를 확인하는 순간이었다. 그때 내린 결론이 있다.

'못한다고 포기하지 말고 배우지 않았다고 포기하지 말며 어떻게라도 시도해 보자.'

그 이후로 여러 과목의 책들과 프로그램을 보고 듣고 배워 나름대로 양육 프로그램을 만들고 시행하면서 성장하는 성도들을 보는 기쁨을 누렸다. 이렇게 성도들을 양육하면서 다음과 같은 몇 가지 원칙도 세우게 되었고 프로그램과 양육 과정도 만들어졌다.

첫째, 양육에는 단계가 필요하다

처음 교회에 온 자들과 오래 다닌 자들은 분명 다르다. 따라서 그에 맞는 맞춤 양육을 시행하는 것이 좋다.

| 양육 1단계 – 새 가족 정착반 |

우리 교회는 영혼 구원의 열정에 불타는 교회다. 주님의 지상 명령인 복음 전파와 전도의 사명을 감당하기 위해 전도에 힘쓰므로 매주 새 가족 등록의 행렬이 계속되고 있다. 그러나 전도와 더불어 보다 중요한 과제는 새 가족들의 정착이다. 이를 위해서 새 가족 정착반을 운영하고 있다. 이는 매주 오는 새 가족을 효과적으로 양육하고자 하는 시도로 그들에게 식사를 정성스럽게 대접하며 양육하는 방법을 고안했다. 그래서 특별한 대접을 받는다는 의미와 거부감 없이 효과적으로 복음을 전달한다는 두 가지 포인트를 가지고 현재의 정착반을 시작하게 되었다.

새 가족 정착반은 먼저 그 주에 온 새 가족들을 '새 가족 영접실'로 안내한다. 그리고 미리 준비된 식사를 제공하면서 교회를 소개하는 동영상을 보여 준다. 이어 담임 목사와의 만남을 자연스럽게 가지면서 얼굴과 사정을 익히고 새 가족들을 위해 기도해 준다. 이것이 첫째 주의 과정으로, 새 가족 정착반에 대해 소개하고 안내문을 나누어 주며 교재를 미리 제공한다.

두 번째 주부터 4주간 준비된 교재(만나서 반갑습니다)를 가지고 식당에 마련된 VIP실에 안내 받아 평신도들의 강의를 들으며 복음에 관한 기초 교육을 받게 된다. 이 교육은 준비된 평신도들이 직접 강의를 각 주차별 전문 강사를 두어 진행하고, 새 가족 담당 전도사의 관리로 철저하게 운영된다. 각 공과는 순차적으로 진행하며 어느 강의부터든 4주만 이수하면 수료하게 된다. 수료자와는 담임 목사와의 식사를 통해 다시 한 번 만남의 기회를 갖는다. 이때 더욱 주목해야 할 일은 강의가 진행되는 동안 소속될 목장(소그룹) 지도자와 선교회 지도자들을 연결해 만나게 하고, 전도 폭발을 수료한 사람들과 함께 담당 전도사가 심방하며 복음을 제시하도록 하는 것이다.

| 양육 2단계 – 새 가족 확신반(새 가족 학교) |

우리 교회에서 운영되고 있는 양육 프로그램 중에 가장 큰 중점을 두고 있는 것은 새 가족 학교다. 이 새 가족 학교는 본 교회의 양육 단계로 확신반에 해당한다.

담임 목사의 강의로 4주간에 걸쳐 직접 교육하는 새 가족 학교는 교회에 나온 지 3개월 이상 된 미세례자들과 타 교회에서 이명해 온 성도들, 신앙의 기초 훈련을 받길 원하는 기존 성도들, 목장 지도자들을 대상으로 실시되어 현재 12기에 이르고 있다.

〈새 가족 학교 신청서〉

<table>
<tr><th colspan="4">1. 인 적 사 항</th></tr>
<tr><td>이 름</td><td>(남 여)</td><td>생년월일</td><td></td></tr>
<tr><td>본 교회 등록일</td><td>년 월 일</td><td>소 속</td><td>교구 목장</td></tr>
<tr><td>주 소</td><td></td><td>전 화</td><td></td></tr>
<tr><th colspan="4">2. 구 분(해당란에 ○ 표시)</th></tr>
<tr><td colspan="4">신앙 재정비( ) 세례/입교( )
청소년 세례( ) 타 교회 이명( )
*해당란에 ○를 표시하시오.</td></tr>
<tr><td colspan="4">위와 같이 신청합니다.
20 년 월 일
신청자 (인)
추천인(목자) (인)</td></tr>
</table>

교육 내용은 구원의 확신과 교회 생활, 그리고 본 교회의 비전을 함께 나누며 진행되는데, 중요한 것은 이 과정을 필히 수료해야 세례를 받을 수 있으며 이명자들도 반드시 수료해야 직분자들로 세워진다는 것이다.

〈새 가족 학교 강의 계획〉

1권 – 신앙의 출발

1과 : 죄

2과 : 하나님의 사랑

3과 : 회개

4과 : 신앙

5과 : 중생

6과 : 구원의 확신

7과 : 그리스도인의 생활

2권 – 성장의 생활

1과 : 성장

2과 : 성경

3과 : 하나님

4과 : 예수 그리스도

5과 : 성령

3권 – 교회 생활

1과 : 교회

2과 : 감리 교회

3과 : 교회 회원

4과 : 교회 생활

4권 – 경건과 헌신

1과 : 그리스도인의 신분

2과 : 그리스도인의 행실

3과 : 승리의 생활

4과 : 헌신의 동기

5과 : 헌신의 방법

6과 : 헌신의 결심

7과 : 헌신의 보상

특별히 4주간의 과정을 마치면 세례자와 교육 수료자들을 위한 세례식이 있는 주일 저녁에 축제의 예배로 진행된다.

〈세례 예식 진행 큐 시트〉

번호	순 서	내 용	담 당	시 간	분	준 비 물	비 고
1	경배와 찬양		예수 마을 찬양단	7:10~7:30	20	프레젠테이션	
2	입장	찬송가 13장을 부르며 성도는 일어서고 세례 입교자는 입장한다.	세례자	7:30~7:33	3	프레젠테이션	입장하여 강단 앞에 도열
3	예식사		담임 목사	7:33~7:35	2		선 채로
4	기 도		○○○장로	7:35~7:37	2	프레젠테이션	선 채로
5	신앙 확증을 위한 문답	영상을 보며	집례자와 세례자	7:37~7:42	5	프레젠테이션	선 채로
6	신앙 고백		사회자 다 같이	7:42~7:44	2	프레젠테이션	선 채로 고백 한 후 자리로 돌아가 앉는다.
7	성경 봉독	자리에 앉아서	○○○권사	7:44~7:46	2	프레젠테이션	앉아서
8	특송		가브리엘 성가대	7:46~7:50	4	카메라	
9	설교	예수와 합하여	담임 목사	7:50~8:10	20	카메라	
10	성결의 기도		담임 목사	8:10~8:13	3		
11	세례 예식	① 청소년 세례 ② 세례 입교 ③ 교육자 소개 ④ 축복	담임 목사	8:13~8:30	17	카메라 중계 자막에 순서 제시	목회자 정위치 순서에 맞게 세례식 진행
12	공포		담임 목사	8:30~8:32	2		
13	간증	세례 1명, 교육 1명	담당자	8:32~8:45	13	카메라	
14	축도		담임 목사	8:45~8:48	3		
15	성도의 교제	광고 및 인사	다 같이	8:48~8:53	5		
총 소요 시간			1시간 43분				

| 은사 발견 사역반 |

은사 발견 사역반은 8주간에 걸쳐 진행하는데, 이 사역의 목표는 성도들 속에 주어진 은사를 발견하고 구체적인 봉사의 삶을 알려 주는 것이다. 일대일 제자 양육을 수료한 자와 집사 이상의 직분을 가진 자들의 양육 코스다. 이 과정을 통해 성도들은 구체적으로 헌신의 삶에 들어가게 되는데, 자신이 가진 열정과 하나님이 주신 영적 은사, 그리고 스타일을 정확히 알고 발견해 하나님께 영광을 돌리며 교회를 섬기도록 하는 데 목적이 있다. 현재 본 교회에는 다양한 사역들이 자신의 열정과 은사와 스타일대로 구체적으로 이루어지고 있다. 일례로 주차 안내에 관심과 열의가 있는 이들을 구분해 '주차 사역자'라 명명하고 매 주일 봉사하게 하는데, 담당자들이 기쁨으로 사역을 감당하고 있다. 주방 관리에 은사가 있는 분들, 꽃꽂이에 은사가 있는 분들, 찬양, 가르침, 전도, 서신 발송, 청소 사역 등 80여 팀이 넘는 사역 팀이 운영되고 있다.

이 사역자들은 단순한 봉사의 차원을 넘어서 신앙의 성숙을 도모하고 교회의 부흥을 위해 헌신하고 있다. 은사 발견 사역은 이러한 교회의 일꾼을 세우고 훈련하는 데 중요한 견인차의 역할을 담당하고 있다.

| 일대일 제자 양육반 |

신앙의 자율성과 봉사의 길로 인도하는 일대일 제자 양육 성경 공부는 많은 성도들이 깊이 있는 신앙과 교회 생활로 진입하는 가교 역할을 톡톡히 하고 있다. 이 단계를 통해 성도들은 개인의 경건 생활을 훈련 받는다. 매주 모일 때마다 큐티를 훈련하고 나눔의 시간을 갖게 된다.

일대일 제자 양육 성경 공부는 크게 세 파트로 나뉜다. 첫 번째는 '만남'으로 예수 그리스도에 대해 4주간 진행된다. 예수님이 어떤 분인지, 어떤 일을 하셨는지, 그리고 지금은 무엇을 하고 계신지에 대해 양육을 받게 된다. 두 번째는 교제를 1주간 배우고 매일 훈련하게 된다. 매일 큐티를 훈련하고 나누는 시간을 통해 개인적인 영성 관리를 훈련 받는다. 세 번째는 '성장'으로 구체적인 성경 공부가 11주 동안 진행된다. 구원의 확신, 하나님, 말씀, 기도, 교제, 전도, 성령 충만, 시험 극복, 순종, 사역 등에 관한 구체적이고 자세한 교리적인 훈련을 받으면서 예수님의 제자로서의 면모를 갖추어 가게 되는 것이다.

일대일 제자 양육을 받으면서 성도들은 교제와 적용이라는 두 가지 핵심을 훈련 받으며 제자로서 양육되어 가고 훈련 받은 사람이 다시 자신이 전도한 사람에게 동일하게 훈련시키는 방식으로 발전시키게 된다.

| 전인 치유 세미나 |

성경적 전인 치유 세미나는 구원 받은 하나님의 자녀들이 가지고 있는 상처와 아픔을 치유하며, 하나님을 만나 의식적인 부분까지 치유를 경험함으로써 평안과 자유를 누리도록 해 준다. 교회의 상황에 맞게 1박 2일간 야외의 기도원이나 수련원을 대여해 실시하기도 하고, 교회의 세미나실이나 예배실에서 1일 혹은 1박 2일 동안 진행되기도 한다. 이 치유 프로그램을 통해 성도들은 성령의 역사를 경험하며 성경 말씀의 깊이를 이해하고, 말씀을 통해 치유와 확신을 얻게 된다. 그럼으로써 자신의 성품과 생각이 변화됨을 경험한다. 구체적으로 영혼 치유, 질병 치유, 성품 치유, 순결 치유, 마음의 상처 치유, 거역 치유 등을 사역을 통해 진행하게 되며, 저녁 시간을 이용해 뜨거운 기도회를 갖고 간증과 축복 나눔을 통해 자신의 치유를 하나님께 영광 돌림으로써 마무리하게 된다.

이렇게 성경적인 전인 치유를 받은 사람은 신앙심이 깊어지고 하나님을 더 사랑하게 되며 교회 중심의 삶을 살게 된다. 뿐만 아니라 가정에 충실하여 행복한 생활을 꾸리는 이점도 가져오게 된다.

| 지도자 학교 |

지도자 학교는 교회의 지도자를 양육하는 프로그램이다. 기획 위원이나 목장 지도자, 교회 사역자들은 지속적인 은혜 공급의 프로그램이 없이는 지도자로서의 직분을 수행할 수 없다. 그래서 철저하게 은혜로 사역하도록 이끄는 것이 매우 중요하다. 이 지도자 학교는 『하나님은 당신을 지도자로 부르셨습니다』라는 교재로 지도자의 중요성을 강조하며, 담임 목회자의 비전과 목회 철학을 함께 나누고, 교회의 방향성과 리더로서의 자질 등을 교육한다.

이 외에도 지도자들을 위해 예수 전도 학교, 목장 지도자 훈련 등 다채로운 양육 프로그램을 진행하고 있으며, 모든 과정을 이수한 지도자들에게는 성경을 구체적으로 연구하는 성경 낱권반을 개설해 훈련할 계획이다.

| 부부 성장 학교 |

양육된 성도들을 위해 성장을 위한 코스로 부부 성장 학교를 연중 운영하고 있다. 교회 각 기관 책임자 부부들과 예비 지도자들 부부로 구성된 부부 성장 학교는 부부간에 관계를 회복하고 더욱 행복한 가정을 만드는 매우 중요한 가정 프로그램이다. 매주 화요일이나 목요일 저녁을 이용해 실시하는 부부 성장 학교는 각 기수가 수료하면서 추천한 가정이 다음 기수를 이어 가도록 구성했고, 기수별로도 매우 활발하게 활동하고 있다. 교재는 하이패밀리에서 발행된『이제 행복을 말하자』라는 책을 사용하고 있다.

| 번영 학교 |

성경적인 성공의 길을 찾는 번영 학교는 우리 교회만이 갖는 유일무이한 전문 양육 프로그램이다. 모두가 성공을 꿈꾸고 화려한 삶을 원하지만 이 땅에서의 진정한 성공과 행복을 누리는 삶의 원리를 알아야 한다. 이를 위해 젊은 청장년들과 직장(사업)인 남성들을 대상으로 매주 토요일 저녁 시간을 할애해 10주간의 과정을 갖는다. 주 강사로 담임 목사가 연속 강의하며 특별 강사를 초청해 전문적인 성공 마인드를 체득한다. 이미 1기로 2007년 6월 2일에 개강해 9월 9일에 수료 예배를 드렸다. 또한 2기는 2007년 10월 13일부터 12월 29일까지 마쳤으며 2008년 현재 3기 번영 학교가 성황리에 수료한 상태다.

이 번영 학교는 주 교재뿐만 아니라 교계와 사회에 이슈가 되는 필독서를 읽고 발표하며 자발적인 연구와 삶의 원리를 나누는 데도 큰 도전을 받고 있다. 또한 많은 참가자들이 삶의 변화를 경험하며 간증들이 이어지고 있다.

| 특별한 대상을 위한 양육 프로그램 |

이 외에도 특정 대상을 중심으로 하는 양육 프로그램들이 진행되고 있다. 현대 사회는 특정 대상에 대한 집중적인 관심과 차별화가 두각을 나타내는 시대다. 이러한 특징을 살려 하이 맘 스쿨과 아기 학교를 운영했다.

● **하이 맘 스쿨(Hi-mom School)**

하이 맘 스쿨은 임신 · 수유기의 여성을 대상으로 6회에 걸쳐 육아 정보 및 성경적 부모관, 태교, 유아기 자녀 상담 등 대상에게 필요한 강의와 질문 등의 프로그램을 진행했다. 주로 산부인과 병원과 속칭 유모차 부대를 집중 대상으로 홍보해 복음적 태교와 유아 교육의 길을 열어 주었다.

〈하이 맘 스쿨 프로그램〉

일 시	주 제	강 사
10. 20(토)	대상관계 이론을 통한 엄마의 역할	김충희 교수(서울여대)
10. 27(토)	임산부의 건강 관리	송지홍 박사(메디아이 여성병원장)
11. 3(토)	성경적 부모관	서길원 목사(상계교회 담임)
11. 10(토)	환 · 기 · 사 성품 태교	신매희 교수(숙명여대)

● **아기 학교**

아기 학교는 생후 24~48개월의 어린이와 어머니 혹은 보호자를 대상으로 아기의 첫 사회생활과 신앙생활을 엄마가 도우며, 엄마와 함께 하나님의 말씀을 배우고 함께 활동하는 주간 교회 유아 교육 프로그램이다. 특히 아이들이 어린이집이나 선교원에 다니게 되면 토요일에는 특별한 일과 없이 보내는 경우가 많은데 아기 학교는 그들을 대상으로 적절한 프로그램과 신앙 교육을 겸해 진행하기 때문에 매 학기마다 조기 마감되는 반응을 보이고 있다. 현재 2기가 수료했으며 2009년에 다시 3기를 개강할 계획이다.

〈아기 학교 일일 진행 일정〉

시 간	활 동 내 용
9:20~9:40	교사 기도회 및 준비 모임
9:40~10:00	맞이하기
10:00~10:30	자유 놀이(장난감 정리)
10:30~10:50	노래하고 율동하기
10:50~11:10	하나님께 예배해요
11:10~11:40	간식 및 반별 교육 활동(만들기, 신체 활동 등)
11:40~11:55	전체 놀이
11:55~12:00	축복 기도(마무리, 귀가 지도)

〈아기 학교 주차별 진행 일정〉

주 차	날 짜	학습 주제 및 내용	학습 활동	전체 놀이
1	9/20	입학 예배 - 오늘은 아기 학교 가는 날 -	페이스 페인팅!	반 소개 사진 촬영
2	27	키가 자라요	야채 도장 찍기	맛있게 먹자 냠냠!
3	10/4	지혜가 자라요	도자기 만들기	둘이 하나
4	11	야외 학습	엄마와 친구와 함께 하는 즐거운 야외 놀이	
5	18	사랑을 받아요	왕관 만들기	구름 속에 칭찬 열매가 주렁주렁
6	25	예수님은 어린 나를 불러 주셨어요	예쁜 마음은 어떤 색일까?	찡그린 얼굴은 No! 예수님께 갈래요.
7	11/1	"미안해"라고 말해요	감사 훈장 만들기	수료 사진 찍기
8	11/8	수료 예배	사랑의 나눔 잔치	목사님과 함께 하는 폴라로이드 사진 찍기

● **노인 행복 대학**

노인 행복 대학은 65세 이상의 노인들을 대상으로 취미 활동과 건강 체조, 특강들을 통해 보람된 노인 여가 활동을 돕고, 인생의 마지막을 복음으로 마무리하게 해 주는 양육 프로그램이다. 물론 성도들도 있지만 불신자 노인들이 80% 이상을 차지할 정도로 지역적으로 많은 관심과 호응을 보이고 있다. 매 학기마다 3개월간 진행되며 행복한 노년 활동과 마인드를 집중적으로 전하고 있다.

〈프로그램 진행 계획〉

시 간	내 용	담당자
09:30~10:00	모임 및 준비	각 코스 차량 운행 도우미
10:00~11:00	동아리 모임(고전 무용, 한글, 에어로빅, 종이접기, 복음 성가)	각 동아리 강사 및 담임
11:00~11:10	이동 및 모임	각 동아리 강사 및 담임
11:10~11:30	레크리에이션 및 건강 체조	매주 담당자
11:30~12:10	특강	담임 목사
12:10~12:50	반별 교제 및 식사	각 동아리 강사 및 담임
12:50~13:30	귀가	각 코스 차량 운행, 도우미

둘째, 교제와 적용 그리고 번식이 강조되어야 한다

양육의 목적을 어떻게 설정할 것인가는 매우 중요하다. 대부분이 성경 지식 습득을 양육의 목적으로 하기 때문에 양육 후에 도리어 후유증이 생기는 것이다. 양육의 목적 중 하나는 성도 간의 교제다. 이는 초대 교회 안에서의 교제처럼 삶을 나누는 교제로서 아픔과 상처, 기쁨을 다 드러낸 것이다. 이렇게 해야 양육 코스를 통해 힘을 얻게 되고 교회를 사랑하며 섬김의

도를 알게 된다. 양육의 시간을 운영할 때도 찬양 후 삶의 나눔에 많이 할애해야 한다. 적어도 3분의 1은 나눔으로 배정해야 한다.

또 하나 강조되어야 할 것은 말씀의 적용이다. 제 아무리 많이 알아도 적용하지 않으면 도리어 머리만 발달해 비판적인 교인을 양성하고 만다. 많이 배우는 것도 중요하지만 하나를 배워도 삶에 잘 적용하는 것이 더 중요하다. 항상 양육의 시간 마지막에는 은혜 받은 것을 나누는 피드백이 중요하므로 다음 주에는 이번 주에 배운 것을 삶에서 어떻게 실천했는지를 나누고 격려하고 칭찬하는 시간을 가져야 한다.

이런 식으로 두 달만 지나면 성경 공부 팀이 가까운 신앙의 동반자가 된다. 양육 코스 후에도 서로 교류를 갖게 하고 섬김의 팀으로 만들어 존속시켜야 한다. 그리고 다음 기수를 추천하거나 직접 와서 아이들을 돌보아 주는 섬김이로 연결하는 것도 좋다.

양육의 최종 목적은 성도들을 리더로 세우는 것이다. 리더가 되어 번식하는 것을 목표로 해야 한다. 우리 교회는 한 사람이 리더가 되어 평생 소그룹 100개를 만드는 비전을 계속 던져 주고 있다. 목표가 되어야 하고 번식의 꿈을 향하여 나가게 해야 한다. 절대로 사치를 위한 과정이 되어서는 안 된다.

셋째, 성도들의 필요를 채워 주는 과정을 개설해야 한다

양육의 또 하나의 목적은 성도들의 삶의 변화와 풍성함이다. 우리나라에는 교회도 많고 성도도 많지만 기독교적 삶이 없다는 지적을 많이 받는다. 이는 삶을 가르치지 않아서다. 양육 코스에는 반드시 구체적으로 성도들의 삶을 어루만져 주고 풍성하게 해주는 과정이 있어야 한다. 그 일환으로 우리 교회에서는 청장년들을 위한 번영 학교를 열었다. 구약 성경에 나오는 야곱을 연구하면서 물질관과 경제관, 거룩한 부자가 되는 법 등을 가르쳤는데 반응이 가히 폭발적이었다.

또 부부 성장 학교를 열어 부부 생활, 성경적 가정관, 자녀 양육 등을 가르쳤으며 결혼 예비자들, 임신 중인 부부, 갓 출산한 부부들을 모아 하이맘 스쿨을 운영했다. 영어 공부 겸 영성 훈련을 위해 부모와 자녀가 함께 마가복음을 영어로 암송하는 학교도 개설했다. 모두 필요로 하는 과정이기에 참여도도 높은 편이고 그 변화도 쉽게 감지할 수 있다.

넷째, 소그룹과 연결되어야 한다

이는 양육이 지속적으로 이루어지고 그 효과가 계속되기 위해 필요하다. 양육 받은 이들이 소그룹에 가서 그것을 보여 주어야 본인들도 확실히 인지하게 되고 교회 전체에도 시너지 효과가 나타나게 된다. 소그룹은 영적인 실습장이며 재생산의 터전이다.

기도 학교를 마치면 소그룹에서 구체적으로 기도 사역을 하게 한다. 중보 기도와 치유 기도를 구체적으로 실습해 하나님의 일하심을 보아야 계속 기도꾼으로 사역하게 된다. 교회 전체가 기도 학교를 거친 후 소그룹 공과를 기도에 대한 것으로 해도 좋다.

성도들의 삶에 대한 것을 성경 낱권으로 교육한 후 그것도 소그룹 공과로 이어져야 한다. 그래야 그것을 가르치는 소그룹 리더도 더 확실하고 강력해진다. 결과적으로 전 교우들이 하나의 생각을 가지고 한 방향으로 나가게 된다.

대개의 경우는 양육이 삶으로 연결되지 않고 그저 하나의 '과정'으로 끝난다. 그러나 양육은 반드시 소그룹으로, 가정으로, 삶의 현장으로 이어져야 한다.

양육은 어렵지만 반드시 필요한 것이므로 목회자들이나 교회가 용기를 가지고 시도해야 한다. 시도하면서 성도들 중에 그 은사를 가진 사역자들이 나오게 되어 있고 그 사역자들이 사역하면 교회 전체가 사역 공동체가 된다.

8장

소그룹 리메이크

현대 교회의 부흥의 두 날개는 역동적인 예배와 살아 있는 소그룹이다. 역동적인 예배가 동기를 부여한다면 살아 있는 전인적인 소그룹은 삶에 변화를 가져다준다. 우리는 그 어느 때보다 소그룹의 중요성이 강조되는 시대에 살고 있다. 시대가 바뀔수록 큰 규모의 모임은 운영이 어려워지고 소그룹을 통해서만 삶의 변화가 일어나기 때문이 아닐까 한다. 그래서인지 모든 교회들이 셀 그룹을 지향하며 그것을 이루기 위해 안간힘을 쓰고 있다.

그런데 많은 교회들이 준비 없이 갑자기 셀 그룹으로 전환했다가 어려움을 겪는 것을 보게 된다. 소그룹이 중요한 만큼 현재 있는 소그룹을 리메이크하여 서서히 셀을 향해 나아가야 한다.

소그룹 리메이크

우리 교회 역시 전통적인 감리교회 속회 소그룹을 가지고 있었다. 문제는 그 속회라는 조직이 잘 성장하지 않는 데 있었다. 그 원인을 찾던 중 몇 가지를 리메이크하기로 마음먹었다.

그 첫째가 조직의 변화였다. 속회에는 속장과 인도자가 있다. 그중 속장이 리더가 되어야 하는데 대부분 속장보다는 인도자가 나이나 영적인 권위가 높아 서로 책임을 떠미는 묘한 구성임을 알게 되었다. 그래서 속장, 인도자라는 직함을 목자, 예비 목자로 바꾸고 모든 책임을 목자에게 맡겼다. 가르치는 것도 모이게 하는 것도 목자의 몫이었다. 목자는 그 소그룹의 평신도 목회자라고 가르쳤다. 대신 예비 목자는 그 소그룹이 부흥하여 독립할 때 리더로 나갈 자로 준비시켰다.

둘째로 소그룹의 이름을 속회에서 목장으로 바꾸었다. 이름을 바꾸어야 생각이 바뀌기 때문이다. 속회가 또 한 번의 가르치는 모임이라면 목장은 말 그대로 성도를 양육하는 모임인 것이다. 성도들은 가르침으로 변화될 것 같지만 실상은 그렇지 않다. 변화는 가르침이 아닌 나눔과 적용에서 더욱 그 위력을 발휘한다. 말씀을 가르치는 것을 넘어서서 말씀에서 받은 은혜를 나누고 그것을 어떻게 적용하며 살았는지에 대해서 서로 이야기하다 보면 그 속에서 변화와 능력을 경험하게 되는 것이다.

속회가 가르침에 포인트를 두고 있다면 목장은 이 나눔과 적용에 포인트를 두고 있기 때문에 속회에서 목장으로의 전환은 소그룹을 새롭게 리메이크 하는데 주요했다.

셋째로 공과책을 쓰지 않고 주일날 담임 목사의 설교를 정리해 나눔을 유도했다. 이는 배우지 않아서가 아니라 설교를 삶에 적용하지 못하기 때문이었다. 그래서 주일날 들은 설교를 한 주간 어떻게 실천했는지를 나누는 것이다. 성공했으면 성공한 대로, 실패했으면 실패한 대로 나눌 때 소그룹원들의 참여도도 높아지고 말씀을 기억하며 한 주간을 살아가게 된다. 가르치는 소그룹에서 나눔이 있는 소그룹으로의 전환이 셀로 가는 매우 중요한 포인트가 된다.

넷째로 부부가 참여하는 소그룹을 형성했다. 대개의 기존 소그룹은 여자는 여자끼리, 남자는 남자끼리 모이는 모임이다. 또 많은 교회가 남자들의 모임은 없는 편이다. 그러나 부부가 함께 모이면 가정도 회복되고 소그룹도 탄력을 받게 된다. 남자가 목자가 되고 다른 가정의 아내가 예비 목자로 사역하게 하면 조화로운 모임이 된다.

이런 목장 형태로 전환해 3년간 이끌어 간 후 한 번 더 리메이크를 행했다. 바로 목장을 '목장 집회'로 만든 것이다. 목장이 나눔에 초점을 두었다면 목장 집회는 사역이 강조점이 되었다. 나눔이 훈련되었다면 목장 집회로의 전환이 가능하다. 목장 집회란 아이스 브레이크, 찬양, 말씀, 기도, 나눔 등을 파트로 하여 한 달씩 돌아가며 맡아 진행하는 것이다. 처음에는 생소하지만 하면 할수록 용기를 얻는다. 이렇게 6개월 내지 1년을 진행하면 목장원 대부분이 소그룹 리더로서도 손색이 없을 만큼 성장하게 된다. 목장 집회의 목적이 여기에 있다. 모든 목장원들을 리더로 양육해 목장을 재생산하게 하는 것이다. 이때 비로소 셀로 나아갈 수 있게 되는 것이다.

이때부터 교회 조직을 번식한 목장 중심으로 엮어 나가면 매우 역동적인 교회로 재탄생하게 된다. 5목장이 번식하면 1구역으로, 5구역이 번식하면 1교구로 구성하고 스스로 관리하게 하면 그 어떤 목회자가 관리하는 것 보다도 탄력적인 조직이 된다.

살아 있는 소그룹을 만드는 법

소그룹에는 반드시 두 가지가 성립되어야 한다. 바로 전인적이고 살아 있어야 한다는 것이다. 그래야 변화가 있고 생명력이 있어 번식하기 때문이다. 그중 생명력 있는 소그룹을 만드는 것이 더 우선적이다. 생명력 있는 소그룹을 만들려면 다음을 꼭 실천해야 한다.

| 불타는 비전을 가져라 |

비전 없이 되는 일은 없다. 소그룹도 마찬가지다. 소그룹이 얼마나 중요한지를 알고 그에 대한 분명한 비전을 가질 때 소그룹은 살아난다. 그런데 소그룹에 대한 비전은 사람에 대한 비전이라는 것을 알아야 한다.

창세기 12장 1~3절을 보면 "여호와께서 아브람에게 이르시되 너는 너의 고향과 친척과 아버지의 집을 떠나 내가 네게 보여 줄 땅으로 가라 내가 너로 큰 민족을 이루고 네게 복을 주어 네 이름을 창대하게 하리니 너는 복이 될지라 너를 축복하는 자에게는 내가 복을 내리고 너를 저주하는 자에게는 내가 저주하리니 땅의 모든 족속이 너로 말미암아 복을 얻을 것이라 하신지라."라고 하셨다. 하나님께서도 아브라함을 불러 위대한 민족을 이루시기 위해 먼저 아브라함에게 비전을 던지셨다. '큰 민족을 일구고, 복의 근원이 되며, 믿음의 조상이 되는 비전'을 말이다.

우리도 아브라함처럼 한 민족을 이루는 위대한 리더가 되기를 원한다면 그와 마찬가지로 하늘의 별과 바다의 모래처럼 번성한 소그룹의 열매를 그려야 한다. 성경은 믿음으로 사는 자는 아브라함과 같은 복을 받으리라고 약속하셨다. 갈라디아서 3장 9절을 보면 "그러므로 믿음으로 말미암은 자는 믿음이 있는 아브라함과 함께 복을 받느니라."라고 하시지 않았는가!

사람에 대해 집중하되 예수님의 방식대로 12명에 대해 집중하라. 사실 12명만 잘 기르면 100개의 목장을 만드는 것은 어렵지 않을 것이다. 그러나 그 처음 12명을 만드는 것은 뼈를 깎는 헌신을 필요로 한다. 먼저 3명을 정하고 3명으로 하여금 3명씩 선정하게 한다. 이것이 예수님의 방법이었다. 베드로와 야고보, 요한을 통해 나머지 제자들을 이끌어 가게 하신 것이다. 처음 정한 3명이 베드로와 야고보, 요한 같은 사람이어야 하고 또 그렇게 기르도록 기도하며 임해야 한다.

그 다음에는 그들에게 꿈을 주어야 한다. 예수님은 시몬을 불러 반석(베드로)이 될 비전과 사람 낚는 어부의 비전을 던지셨다.

누가복음 5장 10절을 보면 "세베대의 아들로서 시몬의 동업자인 야고보와 요한도 놀랐음이라 예수께서 시몬에게 이르시되 무서워하지 말라 이제 후로는 네가 사람을 취하리라 하시니."라고 하셨다. 이것은 성경 전체의 방법이다. 하나님은 꿈의 요리사이시다. 누구를 부르든 먼저 꿈을 던지시고 그 꿈을 바라보게 하시며 바라보는 대로 이루어 주셨다.

꿈을 주되 주의 몸 된 교회를 위한 봉사자(에베소서 4:12, 13)와 그리스도 안에서 완전한 자(골로새서 1:28)의 꿈을 주어야 한다. 주의 교회를 통해 이 땅에 주의 나라를 확장하며 이루어 가야 한다. 에베소서 4장 12, 13절을 보면 "이는 성도를 온전하게 하여 봉사의 일을 하게 하며 그리스도의 몸을 세우려 하심이라 우리가 다 하나님의 아들을 믿는 것과 아는 일에 하나가 되어 온전한 사람을 이루어 그리스도의 장성한 분량이 충만한 데까지 이르리니."라고 하셨다. 그리고 골로새서 1장 28절에서는 "우리가 그를 전파하여 각 사람을 권하고 모든 지혜로 각 사람을 가르침은 각 사람을 그리스도 안에서 완전한 자로 세우려 함이니."라고 하셨다.

| 끊임없이 기도하며 가르치고 전파하며 고쳐 주라 |

마태복음 4장 23절을 보면 "예수께서 온 갈릴리에 두루 다니사 그들의 회당에서 가르치시며 천국 복음을 전파하시며 백성 중의 모든 병과 모든 약한 것을 고치시니."라고 하셨다. 이것이 예수님이 제자들을 훈련시키는 방법이었다. 복음서의 많은 기적을 가만히 살펴보면 제자들을 교육하려고 일으키신 경우가 많다. 한마디로 보여 주는 삶을 사신 것이다. 사람을 기른다는 것은 결코 쉽지 않다. 더구나 살아 있는 사람, 올바른 정신을 가진 사람, 성경적 가치관을 가진 사람을 만드는 일은 십자가의 희생 없이는 불가능하다. 기도밖에 없는 것처럼 기도하며 온몸으로 가르쳐 주고 잘못된 것은 바르게 고쳐 주어야 한다. 이때 만약 애정이 없으면 상처를 입고 도리어 교회를 떠나게 된다.

그들을 위해 죽을 각오를 하기 전에는 영적인 자녀와 제자가 나오지 않는다. 이것이 십자가의 원리다. 살고자 하는 자는 죽고 죽고자 하는 자는 산다. 마태복음 10장 39절을 보면 "자기 목숨을 얻는 자는 잃을 것이요 나를 위하여 자기 목숨을 잃는 자는 얻으리라."라고 하셨다. 이때 주님은 우리에게 부활의 축복을 허락하신다. 과정에 많은 어려움이 있지만 십자가가 있으면 반드시 부활한다.

| 성령의 사람이 되게 하라 |

아무리 우리가 노력해도 성령의 일하심이 없으면 열심 있는 사람들의 모임으로 그치고 만다. 열심 있는 사람들의 모임이기에 일단 문제가 발생하면 더 큰 문제로 악화될 수도 있다. 그러나 사도행전 2장의 초대 교회의 성도들처럼 성령의 기름이 부어지면 성도를 넘어 '사도'들이 된다. 사도들은 두려워하는 자가 아니라 두려워하는 자를 위로하는 자며, 능력을 구경하는 자가 아니라 능력을 발휘하는 자다. 예수님 대신 능력을 행하고 기적을 베풀며 암흑의 권세와 맞서고 교회를 세우는 일을 하게 된다. 전인적인 치유와 내적인 치유를 경험하고 보혈의 적심과 성령의 기름 부음에 붙잡히도록 수양회를 마련하며 소그룹이 모일 때마다 합심하여 기도해야 한다. 그리고 무엇보다도 살아 계셔서 일하시는 하나님을 구체적으로 체험해야만 강력한 사도가 된다.

| 하늘의 상급을 기대하게 하라 |

우리의 사역의 종국적인 보상은 하늘나라에서 받게 된다. 대부분 이 땅에서의 보상을 기대하기에 섭섭병(?)에 걸리고 그 결과 소그룹이 병들게 된다. 다니엘 12장 3절을 보면 "지혜 있는 자는 궁창의 빛과 같이 빛날 것이요 많은 사람을 옳은 데로 돌아오게 한 자는 별과 같이 영원토록 빛나리라."라고 하셨다.

예수님은 이렇게 많은 비유를 통해 종국적인 상급을 언급하셨다. 마태복음 25장 21절에서는 "그 주인이 이르되 잘하였도다 착하고 충성된 종아 네가 적은 일에 충성하였으매 내가 많은 것을 네게 맡기리니 네 주인의 즐거움에 참여할지어다."라고 하셨다.

소그룹 사역이 하늘 상급의 최고의 이유가 됨을 알려 줄 때 헌신하게 된다.

소그룹이 교회가 되게 하라

소그룹은 작은 교회다. 이 사실을 끊임없이 소그룹 리더들에게 가르쳐야 한다. 대교회보다 가정에서 모였던 소그룹이 훨씬 역사적으로 오래되었다. 사도행전 2장 42~47절을 보면 "그들이 사도의 가르침을 받아 서로 교제하고 떡을 떼며 오로지 기도하기를 힘쓰니라 사람마다 두려워하는데 사도들로 말미암아 기사와 표적이 많이 나타나니 믿는 사람이 다 함께 있어 모든 물건을 서로 통용하고 또 재산과 소유를 팔아 각 사람의 필요를 따라 나눠 주며 날마다 마음을 같이하여 성전에 모이기를 힘쓰고 집에서 떡을 떼며 기쁨과 순전한 마음으로 음식을 먹고 하나님을 찬미하며 또 온 백성에게 칭송을 받으니 주께서 구원 받는 사람을 날마다 더하게 하시니라."라고 하셨다.

소그룹이 바로 교회라는 확신을 가지게 될 때 교회로서의 사명을 감당하게 된다. 교회의 사명은 무엇인가? 영혼 구원과 양육이 아닌가! 이것이 분명해지면 소그룹이 절대 친교 모임으로 전락하지 않는다. 영혼 구원을 위해 전도하고 사람을 기르기 위해 투자한다.

또 교회이기에 소그룹 리더들이 평신도 목회자임을 알게 된다. 평신도 목회자는 드리고 헌신해도 잘 지치지 않는다. 다양한 그들의 지식과 전문성을 사용하기에 오히려 전문 목회자들보다 다양하게 사역할 때도 있다. 또 무엇보다도 같은 성도들이기에 서로를 잘 이해하는 만큼 사역의 효과가 매우 크다.

또한 교회이기에 예배가 중요해진다. 대예배는 매우 선언적이지만 소그룹에서의 예배는 성도 한 명 한 명을 어루만지기에 그 효과가 이루 말할 수 없을 정도다. 거기에는 직접적인 변화와 구체적인 만지심과 기적이 불같이 일어난다. 소그룹의 예배의 원리는 다음의 네 가지다.

첫째는 능력의 원리다. 사도행전 2장 43절을 보면 "사람마다 두려워하는데 사도들로 말미암아 기사와 표적이 많이 나타나니."라고 하셨다. 소그룹은 하나님의 능력이 실제화하는 곳이어야 한다. 친교 이상의 공동체가 되어야 한다. 기도로 하나님을 만나고 기도로 문제를 해결하며 말씀 가운데 해답을 찾는 곳이어야 한다.

둘째는 나눔의 원리다. 사도행전 2장 44, 45절을 보면 "믿는 사람이 다 함께 있어 모든 물건을 서로 통용하고 또 재산과 소유를 팔아 각 사람의 필요를 따라 나눠 주며"라고 하셨다. 가능하다면 모든 것을 나눌 수 있는 가족 공동체로 성장해 가야 한다. 초대 교회 성도들이 유무상통한 것이 바로 이 원리다. 가족화는 하나님의 자녀 됨을 실제화하는 것이며, 나눔을 삶의 방법으로 쓰는 것이며, 희생과 봉사로 믿음이 약한 자들을 성장하도록 돌보는 것이다.

셋째는 모임의 원리다. 사도행전 2장 46절을 보면 "날마다 마음을 같이하여 성전에 모이기를 힘쓰고 집에서 떡을 떼며 기쁨과 순전한 마음으로 음식을 먹고"라고 하셨다. 날마다 모였으며, 한마음으로 모였으며, 무엇보다도 기쁘게 모였다. 소그룹의 예배는 억지나 우격다짐이 있으면 안 된다.

넷째는 재생산의 원리다. 사도행전 2장 47절을 보면 "하나님을 찬미하며 또 온 백성에게 칭송을 받으니 주께서 구원 받는 사람을 날마다 더하게 하시니라."라고 하셨다. 소그룹은 증인 공동체로 성장해 전도하고 하나님의 나라를 확장해 가야 한다. 이를 위해 이웃 사랑의 실천으로 지역 사회를 그리스도 안으로 끌어들이는 사역을 해야 한다. 또 기도와 성령 충만 그리고 변화된 삶을 통해 복음을 전파해야 한다. 전도의 전략을 짜고 힘을 합하며 교회에 등록한 새 가족을 소그룹원이 되도록 이끌어야 한다.

소그룹 예배의 실제

소그룹 예배를 준비할 때는 첫째, '내가 살면 양도 살고, 내가 죽으면 양도 죽는다.'라는 심정으로 기도하며 준비해야 한다. 소그룹 구성원을 위해 어머니의 마음, 목회자의 마음으로 매일 기도하고 돌보아야 한다. 소그룹의 영적 성장의 책임이 지도자에게 있음을 알고 기도해야 한다. 구성원들의 기도 제목을 파악할 수 있어야 하고, 주 1회 이상 심방하여 예배를 준비하게 해야 한다.

둘째, 예배 시간을 가능하면 고정하여 혼란이 없게 해야 한다. 소그룹원들에게 예배의 소중함을 보여 주며 또한 가르쳐야 한다.

셋째, 모든 소그룹원을 사역자로 만들어 예배를 준비하게 해야 한다.

넷째, 나눔과 선교가 중심이 되는 예배 순서를 만들어야 한다. 순서자를 미리 정해 일주일간 준비하게 한다. 이를 위해 다음을 참고하도록 한다.

〈주일 설교를 공과로 쓰는 경우〉

- 인사 및 생활의 나눔(식사나 다과를 곁들여도 좋다)
- 칭찬 퍼레이드
- 찬양
- 대표 기도
- 성경 봉독
- 말씀을 통한 삶의 나눔 : 지난주 설교를 듣고 은혜 받은 것을 내 삶에 적용한 것
- 리더가 교정, 요약 및 정리
- 합심 중보 기도 : 힘든 그룹원, 교회와 목회자, 전도 대상자
- 선교 헌금 및 기도
- 마무리 기도나 주기도문
- 광고를 간단히 하고 일어남

〈공과나 양육 교재를 쓰는 경우〉

- 인사 및 생활의 나눔(식사나 다과를 곁들여도 좋다)
- 칭찬 퍼레이드
- 찬양
- 대표 기도
- 성경 봉독
- 말씀을 통한 삶의 나눔 : 지난주 공과의 내용을 내 삶에 적용한 것
- 리더가 티칭

- 피드백 : 오늘 배운 것 중에 은혜 받은 것은 무엇이며 그것을 내 삶에 어떻게 적용할 것인가?
- 합심 중보 기도 : 힘든 그룹원, 교회와 목회자, 전도 대상자
- 선교 헌금 및 기도
- 마무리 기도나 주기도문
- 광고를 간단히 하고 일어남

다섯째, 예배를 디자인하거나 인도할 때 다양하게 구상하는 것이 좋다. 때로는 야외 예배, 문화 예배, 방문 예배, 이웃 소그룹과 연합 예배, 초청 예배를 기획하라. 특별히 예배를 인도할 때 유의할 것은 언어의 눈높이를 맞추는 것이다. 또 즐겁고 따뜻한 분위기를 연출해야 하며 너무 가르치려고 하면 거부감을 일으킬 수 있다. 가장 중요한 것은 새 가족이 왔을 때 그 사람을 배려하여 모든 예배의 수준을 그에게 맞추고 모두가 그 사람을 감동시킬 수 있어야 한다는 것이다.

이와 같은 방법으로 소그룹의 부흥을 지금부터 시도하라. 시도하는 것이 믿음이다. 소그룹을 위해 무엇인가를 하라. 그러면 반드시 열매가 있다. 현재의 소그룹의 상태를 보는 것으로 시작해 장점은 살리고 단점은 보완하는 소그룹 리메이크를 시도하라. 하나님이 소그룹의 부흥을 원하시기에 도와주시고 일하신다.

9장

심방 리메이크

양육 목회가 대두되면서 점점 심방 목회는 사양길로 접어들고 있다. 봄이나 가을에 실시하는 대심방을 폐지하기로 공식 선언한 교회가 늘어나고 있는 실정이다. 교인들이 늘어나고 목회자의 손길이 구석구석 닿을 수 없는 현실 때문이기도 하지만 점점 교인들이 심방 받기를 꺼리고 자신의 집을 공개하는 것을 싫어하는 것도 한 이유다. 사생활에 대해 간섭 받거나 알려지는 것을 불편하게 생각하는 것이다. 또 맞벌이 부부가 늘어나면서 집에서 심방을 준비하기가 매우 어려워졌다. 그렇다고 직장에 아무 때나 찾아가는 것도 그다지 바람직하지 않다. 한마디로 심방은 구시대적인 목회의 유물로 치부되고 있는 것이 현실이다.

그러나 아무리 상황이 어렵다 할지라도 목회에 있어서 교인의 사정을 파악하고 가정을 세우는 데 심방만큼 중요한 사역은 없다고 생각한다. 가정의 형편을 돌아보고 가정을 위해 축복을 선포하며 생활의 정도나 분위기, 그 사람의 관심 분야를 여과 없이 정확하게 볼 수 있는 기회가 바로 심방이기 때문이다.

심방을 하면 많은 것을 경험하게 된다. 하나님이 통찰력을 주셔서 그 가정에 무슨 문제가 있는지, 지금 가장 필요한 것이 무엇인지, 그리고 이 가정이 회복되기 위해 해야 할 일들이 무엇인지를 알게 된다. 그에 따라 적절한 말씀을 전하고 기도해 주면 그 가정이 놀랍게 변화하는 경험을 하게 된다. 저절로 상담이 된다. 목회자와 가까워진다.

심방은 목회자와 사역자들의 손에 들린 한국 교회의 축복 중 하나다. 교회의 부흥을 원한다면 심방의 축복을 회복해야 한다. 전통적인 심방의 장점을 찾고 현대적인 옷을 입혀 심방의 리메이크를 이루어야 한다.

목회자의 양육 목회가 강조되는 이 시점에 목회자들은 성도들을 제자로 훈련하고 양육하는 데 온 힘을 기울여야 한다. 말씀이 삶에서 능력이 되어 나타나도록 훈련하고 인도하지 않으면 그리스도의 군사로서 세상을 이기는 빛과 소금의 역할을 감당하지 못하기 때문이다. 분명 목회자는 여기에 사활을 걸고 집중하여 사역해야 한다. 그 대신 심방은 평신도가 많은 부분을 감당해야 한다. 목회자가 심방을 전혀 안 할 수는 없지만 많은 부분을 평신도가 감당하는 시스템과 구조를 마련해야 하는 것이다. 효과적인 목회 사역을 위해서는 평신도 지도자들이 소그룹에 속한 성도들의 심방을 수시로 감당하도록 해야 한다. 세세한 부분까지 섬세한 손길을 원하는 성도들에게 가장 적절한 심방의 비결은 소그룹의 지도자가 각 그룹원의 상황과 처지를 목회자에게 수시로 보고하여 필요에 따라 적절하게 심방하도록 돕는 것이 선행되도록 하는 것이다. 또 웬만한 것은 스스로 심방하여 해결하도록 해야 한다.

심방을 해야 할 가장 근본적인 이유는 예수님도 심방 사역을 하셨고 또 그 사역을 통해 놀라운 결과를 얻어 내셨다는 것이다. 예수님의 심방을 배우면서 심방 리메이크에 도전해 보고자 한다. 예수님은 언제 어떻게 심방을 하셨는지 요한복음 11장의 말씀을 묵상함으로써 심방 사역의 비결을 배워 보도록 하자.

본문은 심방이 무엇인지, 어떻게 해야 하는지를 묻는 사람들에게 매우 효과적인 말씀이다. 예수님이 지상에 계실 때 베다니의 마르다의 집에 자주 들르셔서 쉬기도 하고 대화도 하셨다(누가복음 10:38~42). 그러나 본문에 나오는 방문은 나사로가 죽은 심각한 상황에서 찾아가신 심방이다. 어떻게 심방하시는지를 살펴보면서 심방이 무엇인지, 어떻게 문제를 해결하시는지를 배워 보겠다.

왜 주님은 그 집에 가시는가?

요한복음 11장 3절을 보면 "이에 그 누이들이 예수께 사람을 보내어 이르되 주여 보시옵소서 사랑하시는 자가 병들었나이다 하니."라고 하셨다. 예수님은 마리아와 마르다의 초청으로 그 집에 방문하게 되었다. 나사로가 병이 들어 누이들이 사람을 보내 예수님에게 심방을 요청한 것이다. 예수님은 낙심하고 힘들어하는 이 가정을 위해 심방을 하게 되었다. 여기서 심방이 무엇인지를 알게 된다.

심방(visitation)이란 어렵고 힘든 상황에 있는 성도들을 돌보며 그들의 아픔과 처지를 들어주고 공유하며 기도해 주고 말씀으로 치유하는 사역을 말한다. 성경은 다음과 같이 심방의 의미를 여러 부분에서 보여 주고 있다.

- **마태복음 25장 36절과 43절** : 헐벗었을 때, 병들었을 때, 옥에 갇혔을 때 돌보다.
- **야고보서 1장 27절** : 고아와 과부를 그 환난 중에 돌보다.
- **로마서 12장 15절** : 즐거워하는 자들과 함께 즐거워하고 우는 자들과 함께 울라.
- **잠언 27장 23절** : 네 양 떼의 형편을 부지런히 살피며 네 소 떼에 마음을 두라.

예수님이 그 집을 심방하고 새롭게 알게 된 것은 무엇인가?

요한복음 11장 17~32절을 보면 "예수께서 와서 보시니 나사로가 무덤에 있은 지 이미 나흘이라 베다니는 예루살렘에서 가깝기가 한 오 리쯤 되매 많은 유대인이 마르다와 마리아에게 그 오라비의 일로 위문하러 왔더니 마르다는 예수께서 오신다는 말을 듣고 곧 나가 맞이하되 마리아는 집에 앉았더라 마르다가 예수께 여짜오되 주께서 여기 계셨더라면 내 오라버니가 죽지 아니하였겠나이다 그러나 나는 이제라도 주께서 무엇이든지 하나님께 구하시는 것을 하나님이 주실 줄을 아나이다 예수께서 이르시되 네 오라비가 다시 살아나리라 마르다가 이르되 마지막 날 부활 때에는 다시 살아날 줄을 내가 아나이다 예수께서 이르시되 나는 부활이요 생명이니 나를 믿는 자는 죽어도 살겠고 무릇 살아서 나를 믿는 자는 영원히 죽지 아니하리니 이것을 네가 믿느냐 이르되 주여 그러하외다 주는 그리스도시요 세상에 오시는 하나님의 아들이신 줄 내가 믿나이다 이 말을 하고 돌아가서 가만히 그 자매 마리아를 불러 말하되 선생님이 오셔서 너를 부르신다 하니 마리아가 이 말을 듣고 급히 일어나 예수께 나아가매 예수는 아직 마을로 들어오지 아니하시고 마르다가 맞이했던 곳에 그대로 계시더라 마리아와 함께 집에 있어 위로하던 유대인들은 그가 급히 일어나 나가는 것을 보고 곡하러 무덤에 가는 줄로 생각하고 따라가더니 마리아가 예수 계신 곳에 가서 뵈옵고 그 발 앞에 엎드리어 이르되 주께서 여기 계셨더라면 내 오라버니가 죽지 아니하였겠나이다 하더라."라고 하셨다.

나사로가 죽어 땅에 묻은 지 나흘이 지났다는 사실과, 많은 사람이 조문하러 왔으며 마리아와 마르다도 이미 포기하고 나사로의 죽음을 인정하고 있다는 사실을 알 수 있다. 이 죽음은 예수님께서 이 가정을 통해 하나님의 영광을 드러내고자 하는 특별한 계획이었다. 이것을 이해하지 못하고 받아들이지 못한 마리아와 마르다에게 예수님은 분명한 하나님의 계획을 선포하셨고 기도해 주신 것이다.

심방은 그 가정의 사정을 알고 그 가운데 있는 하나님의 계획과 섭리를 말씀을 통해 이야기하여 기도하도록 이끄는 것이다. 여기에 심방의 유익이 있다. 구체적으로 심방의 유익을 살펴보면 다음과 같다.

첫째, 성도들의 사정을 잘 알게 된다. 요한복음 10장 14절을 보면 "나는 선한 목자라 나는 내 양을 알고 양도 나를 아는 것이"라고 하셨다. 목자는 양에 대해 알아야 한다. 우리가 진정으로 우리의 양 떼를 사랑한다면 그 양들의 상황과 사정을 정확히 알고 있어야 한다. 그런데 사실 현대 교인들은 자신의 집을 공개하거나 어려운 상황을 이야기하는 것을 매우 꺼린다.

그럼에도 불구하고 그들을 찾아가 그 상황을 알고 그들의 처지를 정확히 파악할 수 있을 때 우리는 목회의 방향을 정하게 된다.

둘째, 풍부한 설교 자료를 얻게 된다. 설교에서 매우 중요한 것이 청중들의 요구와 상황에 대한 이해다. 설교는 일방적인 선포기 때문에 설교를 하면서 그들과 의사소통을 할 수 있는 장치가 없다. 그러므로 성도들의 상황과 형편을 정확히 알고 그들이 무엇을 고민하고 필요로 하는지에 대한 분명한 하나님의 계획과 섭리를 제시하는 설교가 감동을 주고 변화를 창출할 수 있다. 그들의 사정을 모르고서는 효과적인 설교를 할 수 없다.

셋째, 보다 분명한 기도 제목을 정할 수 있다. 우리가 해야 할 중요한 사역 가운데 하나가 바로 기도다. 우리에게 주어진 양들을 위해 새벽마다 부르짖어 기도하는 것이 필요하다. 그런데 그 양들의 상황과 형편을 모른다면 그들을 위한 기도의 제목이 구체적일 수 있겠는가? 그들이 무엇을 위해 노력하고 있는지 간절한 소원이 무엇인지 힘든 상황은 어떤 것인지를 정확히 안다면 보다 구체적이고 간절한 기도를 할 수 있다. 심방은 우리에게 보다 분명한 기도 제목을 정할 수 있게 해주고 더욱 간절히 기도하게 하는 힘이 된다.

넷째, 불신 가족이나 예배에 불참하는 가족들과 자연스럽게 접촉할 수 있는 기회를 갖게 된다. 성도들의 가장 힘든 상황 중에 하나가 바로 가족 구원이다. 항상 가슴에 남아 있는 것이 믿지 않는 가족에 대한 부담감인 것이다. 그들과 자연스럽게 접촉할 수 있는 기회가 바로 심방이다. 심방을 하다 보면 믿지 않는 자녀들과 남편들을 자연스럽게 만나게 되고 이야기할 수 있는 기회가 생긴다. 필자가 교육 목사로 아동부 사역을 할 때였다. '왜 어른들만 대심방을 하여 복을 누리게 하는가?' 라는 생각으로 전 교사들에게 아동부 대심방을 하게 하였다. 자신 없는 자는 목회자와 부장 간사들이 지원해 주었다. 놀라운 사실은 어린이들이 좋아한 것은 물론이요, 그 심방으로 인해 부모들까지 전도되는 것을 목도한 것이었다. 심방은 불신 가족들에게 예배와 교회, 그리고 목회자에 대한 새로운 인식과 긍정적인 이미지를 제공하는 데 매우 효과적이다.

다섯째, 성도들의 불평을 막아 준다. 목회를 하다 보면 아무것도 아닌 것으로 시험에 드는 성도가 있다. 오해로 시험에 든 그들은 온갖 불평으로 교회 내에 불만 세력을 조성하여 교회를 분열시킨다. 그러나 오해와 실수로 인한 문제가 발생했을 때 심방은 그것을 미리 알게 하고 그 문제를 풀 수 있는 기회를 만들어 준다. 알고 보면 아무것도 아니다. 그러나 불평은 또 다른 문제를 일으키는 불씨가 되기 때문에 빨리 그것을 막아야 하는데 그 좋은 방법이 바로 심방이다.

마지막으로 교회 성장의 중요한 원동력이 된다. 심방은 교인들을 동력화하는 매우 중요한 역할을 한다. 성도들이 무엇을 잘하는지, 무엇에 열정이 있는지, 그리고 어떤 은사를 가지고 있는지 처음부터 알 수는 없다. 그들의 그 숨은 은사와 열정을 찾아내 사역의 현장에 배치하고 그들을 동력화하는 것이 바로 교회 성장에 있어 매우 중요한 비결인 것이다. 이를 위해 심방만큼 효과적인 방법은 없다. 예배나 행사는 대상이 다양하기 때문에 개인적인 성향과 은사를 파악하는 데 많은 시간과 관심이 필요하다. 그에 비해 심방은 한 사람 한 사람에게 집중할 수 있기 때문에 그 사람을 파악하고 장점을 개발하는 데 효과적이다.

심방은 교회 안에 잠자고 있는 유휴 자원을 개발해 사역하게 함으로써 성장할 수 있는 기틀을 마련하며 교회를 활력 있게 해준다. 아무리 사회가 개인주의적이고 심방하기 어려운 상황에 놓인다 해도 끊임없이 심방하여 교회를 부흥시키는 원동력으로 삼아야 할 것이다.

마르다와 마리아는 서로 다른 모습으로 슬픔을 표현하는데 예수님은 그들에 대해 어떻게 대처하시는가?

요한복음 11장 20~35절을 보면 "마르다는 예수께서 오신다는 말을 듣고 곧 나가 맞이하되 마리아는 집에 앉았더라 마르다가 예수께 여짜오되 주께서 여기 계셨더라면 내 오라버니가 죽지 아니하였겠나이다 그러나 나는 이제라도 주께서 무엇이든지 하나님께 구하시는 것을 하나님이 주실 줄을 아나이다 예수께서 이르시되 네 오라비가 다시 살아나리라 마르다가 이르되 마지막 날 부활 때에는 다시 살아날 줄을 내가 아나이다 예수께서 이르시되 나는 부활이요 생명이니 나를 믿는 자는 죽어도 살겠고 무릇 살아서 나를 믿는 자는 영원히 죽지 아니하리니 이것을 네가 믿느냐 이르되 주여 그러하외다 주는 그리스도시요 세상에 오시는 하나님의 아들이신 줄 내가 믿나이다 이 말을 하고 돌아가서 가만히 그 자매 마리아를 불러 말하되 선생님이 오셔서 너를 부르신다 하니 마리아가 이 말을 듣고 급히 일어나 예수께 나아가매 예수는 아직 마을로 들어오지 아니하시고 마르다가 맞이했던 곳에 그대로 계시더라 마리아와 함께 집에 있어 위로하던 유대인들은 그가 급히 일어나 나가는 것을 보고 곡하러 무덤에 가는 줄로 생각하고 따라가더니 마리아가 예수 계신 곳에 가서 뵈옵고 그 발 앞에 엎드리어 이르되 주께서 여기 계셨더라면 내 오라버니가 죽지 아니하였겠나이다 하더라 예수께서 그가 우는 것과 또 함께 온 유대인들이 우는 것을 보시고 심령에 비통히 여기시고 불쌍히 여기사 이르시되 그를 어디 두었느냐 이르되 주여 와서 보옵소서 하니 예수께서 눈물을 흘리시더라."라고 하셨다.

마리아와 마르다는 성향이 매우 다른 사람이다. 마르다는 일 중심적인 반면 마리아는 사람 중심적인 성향을 갖고 있다. 예수님이 예고 없는 방문을 하셨을 때도 이 두 사람의 반응은 매우 다르게 나타난다.

누가복음 10장 38~42절을 보면 "그들이 길 갈 때에 예수께서 한 마을에 들어가시매 마르다라 이름 하는 한 여자가 자기 집으로 영접하더라 그에게 마리아라 하는 동생이 있어 주의 발치에 앉아 그의 말씀을 듣더니 마르다는 준비하는 일이 많아 마음이 분주한지라 예수께 나아가 이르되 주여 내 동생이 나 혼자 일하게 두는 것을 생각하지 아니하시나이까 그를 명하사 나를 도와주라 하소서 주께서 대답하여 이르시되 마르다야 마르다야 네가 많은 일로 염려하고 근심하나 몇 가지만 하든지 혹은 한 가지만이라도 족하니라 마리아는 이 좋은 편을 택하였으니 빼앗기지 아니하리라 하시니라."라고 하셨다.

마르다는 예수님의 방문으로 식사 준비에 매우 분주하다. 그러나 마리아는 예수님의 발 앞에 앉아서 말씀 듣기를 즐긴다. 마르다는 일 중심적이기 때문에 식사 준비라는 일에 초점을 맞추어 분주했고 마리아는 사람 중심적이기 때문에 예수님의 말씀을 듣는 일에 집중하고 있는 것이다.

위의 말씀에서 보면 이 두 사람은 예수님의 심방에 대해 매우 다른 반응을 보이고 있다. 마르다는 예수님이 오셨다는 소식을 듣고 영접하러 나간다. 그리고는 예수님이 늦게 오신 것에 대해 원망한다. 일 중심적인 마르다에게는 예수님이 말씀으로 이해를 시키신다. 마르다는 이에 자신의 믿음을 고백한다. 그런데 마리아는 예수님이 부르실 때까지 집에서 기다리고 있다. 예수님이 마르다를 보내어 불러내시고는 우는 마리아를 말씀으로 이해하는 대신 함께 울어 주신다.

예수님은 성향이 다른 두 사람을 전혀 다른 방법으로 위로하고 심방하신 것이다. 우리는 여기서 예수님께 심방의 방법을 배워야 한다. 심방을 받는 사람에 따라, 심방의 성격에 따라 다른 형태로 접근하고 이끌어야 그 효과를 극대화할 수 있다. 심방의 형태를 살펴보면 다음과 같다.

| 대심방 |

대심방은 한 해의 목표가 되는 말씀을 전하고 신앙을 점검하며 1년 동안의 가정의 목표와 기도 제목을 위해 기도하고 축복하는 것이다. 대심방을 통해 개인적인 관계를 형성하고 신앙심과 전도와 봉사 생활을 점검하게 된다. 미리 보고서를 쓰고 헌금을 준비하게 하며 축복의 안수를 받도록 인도한다.

| 소그룹별 심방 |

소그룹의 활성화를 위한 전도 잔치나 행사 등에 참여시키기 위해 여러 차례 실시하는 소그룹별 심방은 동시에 여러 명을 만날 수 있어 단기간에 많은 사람을 심방할 수 있다는 장점이 있다. 이는 약하고 어려운 소그룹의 분위기를 전환시키고 힘이 되도록 유도해 준다. 그리고 소그룹의 목표와 비전을 점검해 단합하여 추진해 나가는 일들을 많이 형성하는 것이 중요하다.

| 유고 심방 |

어렵고 힘든 일을 당했을 때 찾아가서 위로하고 세워 주는 심방을 말한다. 상을 당했거나 병원에 입원했을 때 그들에게 관심을 표현하는 것은 매우 중요하다. 고난의 시기가 마음 열기에 가장 좋은 기회기 때문이다. 유고 심방은 아무리 바쁘고 힘들어도 반드시 해야 한다. 성도들이 어려움에 처했을 때 관심을 보이지 않으면 사랑받지 못하고 있다는 생각 때문에 부정적이고 불평하는 상태가 되어 교회 전반에 악영향을 끼칠 우려가 있다.

| 새 가족 심방 |

새 가족이 오면 반드시 그 주 안에 심방해야 한다. 새 가족은 철저한 관리와 관심 외에는 정착시킬 방법이 없다. 자신의 존재에 대해 누군가가 관심을 가지고 사랑을 표현하고 있다는 느낌이 들 때 그 단체에 매력을 느끼고 호감을 갖게 된다. 그리고 그 새 가족을 빨리 소그룹에 연결하여 정착하게 하는 것이 매우 중요하다.

방문의 결과는 어떠했는가?

요한복음 11장 40~42절과 45절을 보면 "예수께서 이르시되 내 말이 네가 믿으면 하나님의 영광을 보리라 하지 아니하였느냐 하시니 돌을 옮겨 놓으니 예수께서 눈을 들어 우러러 보시고 이르시되 아버지여 내 말을 들으신 것을 감사하나이다 항상 내 말을 들으시는 줄을 내가 알았나이다 그러나

이 말씀 하옵는 것은 둘러선 무리를 위함이니 곧 아버지께서 나를 보내신 것을 그들로 믿게 하려 함이니이다. 마리아에게 와서 예수께서 하신 일을 본 많은 유대인이 그를 믿었으나."라고 하셨다.

예수님의 심방으로 마르다와 마리아는 위로와 치유를 받고 동생 나사로가 살아나는 기적을 경험하게 된다. 이로써 이 가정은 예수님을 하나님으로, 메시아로 믿게 된다. 그리고 이 일을 통해 하나님이 영광을 받게 된다. 그곳에 모인 모든 조문객이 죽어 냄새나는 시체가 살아나는 기적을 통해 하나님의 아들로 예수님을 인정하게 되고 하나님께 영광을 돌리는 결과를 낳는다.

심방은 반드시 결과가 있다. 믿음이 약한 사람들에게 신앙심을 갖게 하고, 힘들고 어려운 사람들에게 희망과 용기를 갖게 하며, 갈 바를 알지 못해 방황하는 사람들에게 복음적인 방향을 제시해 준다.

이제 구체적으로 어떻게 하면 효과적인 심방을 할 수 있을지 교회의 사역에 적용해 보자

| 심방의 준비 |

먼저 기도로 심방을 준비해야 한다. 심방할 가정을 위해 기도하다 보면 하나님이 지혜와 감동을 주시고 그 가정에 필요한 부분도 깨닫게 하신다. 미리 심방 시간과 함께 심방할 인원들을 알려 주어 심방을 준비하도록 한다. 준비된 심방이 훨씬 효과적이다. 심방할 가정의 형편과 처지를 미리 조사해 혹시라도 그 가정의 상처를 들춰내는 실수를 범하지 말아야 한다. 그리고 지금 심방하는 동기와 목적들을 고려하면서 심방자 스스로 정신적인 준비를 해야 한다. 그럴 때 더욱 효과적인 심방이 이루어질 수 있다.

| 심방의 시간 |

심방 시간은 15~20분이 적당하며 식사 시간이나 취침 시간 등은 피하는 것이 좋다. 또 너무 오랜 시간 심방하는 것은 결례가 되는 경우가 많다. 본인이 이야기를 해서 진행되는 경우를 제외하고는 분명하고 명확한 메시지와 기도를 중심으로 정해진 시간 안에 행하는 것이 바람직하다. 병원 심방의 경우는 더 세심한 배려가 필요하다. 밝히기를 꺼리는 질병은 굳이 알려 하지 말고, 상황과 여건을 세심하게 배려하여 기분 좋게 심방 받도록 사전에 미리 알려 주는 것이 중요하다.

| 심방의 인원 |

2명 정도가 적당하며 잘 훈련된 사람과 함께 심방하면 훨씬 효과적이다. 심방은 개인적인 내용을 이야기하는 것이므로 전화가 오거나 아이가 울고 보챌 때 옆에서 도와줄 수 있는 훈련된 사람이 있어야 이야기의 흐름이 끊기지 않고 솔직하게 상담할 수 있다. 또 그래야 집중하여 말씀을 전할 수 있기 때문에 훈련된 사람이 아닐 경우 미리 훈련하고 심방의 목적을 알려 주어 적극 협조할 수 있도록 유도하는 것이 좋다.

| 심방에서의 예배 |

심방에서 예배를 진행할 때는 찬송을 한 곡 부르고 그 가정에 맞는 성경을 봉독하며 가장 필요하다고 생각되는 말씀을 현실과 처지에 맞게 긍정적이고 희망적인 내용으로 설교한다. 그런 후 심방 받는 성도를 위해 간절히 기도한다. 이때 심방하는 사람의 간절한 마음이 적절하게 전달되도록 힘을 다해 기도하고 적당한 스킨십을 통해 친밀감을 느끼게 해주면 효과적이다. 이어서 주기도문을 암송하고 심방을 마친다. 시간에 많은 부담을 느끼는 사람이라면 약식으로 순서를 간략하게 줄여도 무방하다.

| 심방에서의 대화 |

심방에서 가장 먼저 하는 일이 대화다. 상담을 통해 심방 받는 사람의 신앙 상태나 현재의 어려움과 상황들을 파악할 수 있기 때문에 대화를 많이 하는 것이 중요하다. 그런데 심방자의 말보다는 심방 받는 사람들의 말을 많이 들어 주는 것이 좋다. 대부분의 상담은 본인이 이야기하면서 문제의식을 깨닫고 해결책도 찾는 것이다. 간혹 잡담이 되지 않게 신중히 대화해야 한다. 재치 있는 유머는 상대방의 마음을 여는 열쇠가 되지만 어설픈 농담은 심방자의 무게감을 가볍게 할 가능성이 있으므로 매우 신중해야 한다. 특별히 상대방이 부정적인 감정을 느끼고 있을 때는 말꼬리를 좇지 말고 그 사람의 감정을 파악하는 데 주력해야 한다. 대화의 가장 효과적인 방법은 내가 주어가 되는 'I-message' 다. 상대방의 실수나 상황을 이야기하기보다는 솔직한 자신의 감정과 의견을 말하는 것이다. 상대방의 아픔과 괴로움을 함께 아파하고 있는 공감의 감정으로 말하는 것이다. 그것이 상대방으로 하여금 신뢰감을 갖게 하고 관계를 형성하게 한다.

| 심방의 태도 |

심방을 할 때는 반드시 수용적인 태도로 상대방을 대해야 한다. 본인이 한 말을 잘 받아 준다는 느낌을 가질 때 속에 있는 이야기를 하는 것이다. 그리고 상대방에 대해 친밀함을 갖도록 사랑스럽고 온유하며 겸손한 태도를 취해야 한다. 예의를 지켜라. 그리고 소망과 기쁨을 주어라.

| 심방의 사후 처리 |

기록철을 만들거나 교적부를 활용하여 잘 기록해 둔다. 평신도가 심방한 경우는 내용을 목회자에게 반드시 보고한다. 심방 중 이야기한 내용은 비밀을 유지한다.

| 심방을 할 수 없는 경우 |

편지나 전화, 컴퓨터 통신을 이용해 연락하되 교회 소식이나 주보, 지난주 설교를 동봉하는 것이 좋다. 개인이 어려울 경우 동질 그룹들의 그룹 심방(사랑의 교실)도 좋다.

심방에 있어 마지막으로 가정에서의 예배에 대해 첨언하고자 한다

장례식 예배나 추도 예배, 명절 시 감사 예배, 유고 심방 시 예배, 소그룹 예배 등 생각보다 많은 예배가 가정에서 이루어지고 있다. 이렇게 많은 예배가 가정에서 이루어지고 있는데도 효과적인 예배에 대한 고려는 상대적으로 적은 것 같다. 그렇다면 가정에서의 예배는 어떠해야 하는가?

가정 예배를 생각하니 떠오르는 장례식 예배가 있다. 군목 시절에 지휘관의 모친이 소천하셔서 고인이 다시시던 교회 목사님의 집례로 장례를 치르게 되었다. 나도 그 예배에 참석했는데 처음부터 끝까지 목사님 혼자 '해치우듯' 예배를 이끌어 가셨다. 목사님은 열심히 예배를 인도하셨건만 유족들에게는 부모님과의 육적인 이별을 슬퍼하거나 감사할 수 있는 여지가 전혀 없었던 것이다.

장례 후 유족들이 나에게 이런 이유를 대며 삼우제의 예배를 부탁하셨다. 삼우제 예배가 기독교적이지 않은 것은 알지만 나는 그렇게 하겠다고 대답했다. 어머니의 사진과 백합 꽃다발을 준비하게 하고 가족들에게 하나씩 순서를 맡겼다. 큰아들은 대표 기도, 둘째 아들은 성경 봉독, 직계 자손들은 어머니가 좋아하시던 찬송으로 특송 등 구체적으로 준비하게 했다.

예배 당일에 나는 일부러 가운까지 입고 산에 올라갔다. 묘지에 사진을 놓고 순서대로 예배를 드리며 가족들이 참여하게 했다. 마지막에는 모두 무릎을 꿇어 손을 잡고 어머니를 주신 하나님께, 그리고 수고하신 어머니를 생각하며 형제간에 우애하기를 다짐하는 통성 기도를 드리게 했다. 순간 눈물바다가 되고 말았다. 예배 후에는 준비한 백합꽃을 묘지 여기저기에 꽂게 했다. 그리고 산에서 내려왔는데 이튿날 지휘관 아드님이 "목사님, 이제야 마음이 확 뚫린 것 같습니다. 감사합니다."라며 인사를 하는 것이었다.

그때 아주 중요한 것이 내 머리에 각인되었다. 예배는 하나님께 영광을 돌리는 것이 최고의 목적이지만 예배에 참석한 회중이나 성도들이 은혜를 받아야 한다는 것이었다. 특히 가정에서 이루어지는 예배는 더욱더 그렇다. 장례식 같은 경우 한국 사람 특유의 정서가 있다. 하늘나라로 간 것에 대한 감사도 있지만 육신의 이별에 대한 슬픔, 불효에 대한 애통 등이 있다. 이것을 표현할 수 있도록 해야 한다. 그래야 그 장례 예배 이후에 가정이 변화하고 불신자들이 그것을 통해 기독교에 대한 호의를 가지며 전도에 응할 수 있는 것이다.

장례 예배가 더욱 극적인 예배가 되려면 미리 유언이 담긴 테이프나 CD를 준비하여 발인 예배 시에 틀어 주는 것도 좋다. 그것을 가정에 선물하면 매번 추도 예배 시 들을 수 있게 된다.

추도 예배 시에도 미리 분위기를 만들게 한다. 사진을 준비하고 고인이 좋아했던 성경을 펴 그 주변을 꽃으로 장식하면 음식을 차리지 않았다고 불평하는 불신자 가족의 불만이 상당히 줄어드는 것을 보게 된다. 또 목사님이 혼자 진행하는 것보다 가족들에게 순서를 맡기고 고인이 좋아했던 찬송을 부르며 집안의 가장 어른 되는 분이 고인에 대해 좋은 점을 말씀하시게 하는 것이 더 좋다. '할머니는 이런 면에서 훌륭하신 분이란다. 이런 것을 신조로 사셨단다. 이런 유언을 남기고 가셨단다.' 라고 말하면 불신자 가족도 숙연하게 참여하게 된다.

대심방이나 새 가족 심방 예배에도 세련미가 있어야 한다. 일단 가정을 방문하면 서로 인사를 하고 대화 중에 기도 제목과 가정의 문제를 파악해야 한다. 그리고 그에 맞는 찬송 두세 곡을 힘 있게 메들리로 부르면 영적인 분위기가 마련된다. 말씀은 그 가정과 그 문제에 합당한 내용을 선택하여 10분이 넘지 않게 전해야 한다. 전한 후에는 그 가족을 목사님 앞에 앉게 하여 모든 심방 대원들이 그들을 붙잡고 합심하여 기도하게 한다. 그리고 마지막에 목사님이 머리에 손을 얹고 축복하여 기도해 주면 대부분의 가정들이 눈물을 흘리며 감격한다. 이렇게 드린 한 번의 가정 심방 예배가 목회자와 교우들에게 친밀감을 형성해 주는 것이다.

21세기는 자기중심주의 세대(me-generation)이자 동시에 외로움의 시대다. 외로움을 달랠 수 있는 심방이라는 축복의 도구를 잘 활용하면 따뜻한 교회, 부흥하는 교회를 만들 수 있다.

10장

교회 학교
리메이크

지금보다 5년 후, 10년 후에 좋은 교회가 정말 좋은 교회다. 이를 위해 교회 학교가 부흥되어야 함은 말할 것도 없다. 그런데 작금의 한국 교회의 현실을 들여다보면 교회 학교 부서가 없는 교회가 늘어나고 있다. 큰 걱정이 아닐 수 없다.

그 이유가 무엇일까? 한국 교회 자체가 장년 중심의 구조로 되어 있기 때문이다. 학생들은 교인이 아닌 앞으로 교인이 되어야 할 대상으로만 여겨진다. 헌금의 여력이 없어서인지 봉사의 여력이 없어서인지 대부분의 교회에서 나타나는 현상이다.

또 하나의 이유는 교회 학교 교사들이 부족하기 때문이다. 성가대나 다른 팀들은 단기적으로 해도 되는데 교사들은 한번 시작하면 적어도 1년이다. 또 매일 심방하고 전화하는 것이 힘들어서인지 잘 지원하지 않는다. 게

다가 그렇게 어렵게 사역을 해도 빛이 나지를 않는다. 조금만 실수를 해도 좋지 않게 평가되기 십상이다.

한국 사회 전반의 문제, 즉 입시 최우선의 사회 흐름도 한몫하고 있다. 중간고사나 기말고사 때는 평소의 3분의 2도 출석하지 않는다고 한다. 내신이 중요하고 주일날 학원에서 시험 대비 강의를 해주니 거기에 가는 것이다.

한국 교회의 미래는 현재 교회 학교를 보면 알 수 있는데 걱정이 아닐 수 없다. 하루빨리 양질의 교사들을 세우고 좋은 프로그램을 개발해 교회 학교를 다시 일으켜야 한다. 그래야 한국 교회의 미래가 밝을 것이며 주신 사명을 다 감당할 수 있게 된다. 이를 위해 몇 가지 제언과 함께 내가 교회 학교를 다시 세운 방법을 적고자 한다.

먼저 교사들을 세워라

나의 은사가 가르치는 것이기도 하지만 섬겼던 교회의 사역 중에도 특별히 교육에 관한 일이 많았다. 감사하게도 그때마다 부흥을 주셨다. 서울 방이동 임마누엘교회에서 아동부 사역을 할 때는 학생들만 1,270명이 출석하는 부흥을 주셨고, 대전 선화교회에서는 300명 출석이 1년 만에 700명으로 늘어나는 경험도 주셨다. 첫 담임 목회지였던 충남 청양에서는 4명이었던 중고등학생 출석이 2년 만에 120명이 되는 축복도 맛보게 하셨다. 그래서 그 비법이 무엇이냐는 질문을 많이 받았다.

그 비법은 바로 '교사'다. 가슴이 뜨거운 교사, 영혼을 사랑하는 교사, 훈련된 교사, 헌신하는 교사가 그 대답이다. 군목을 제대하고 임마누엘교회에 부임하니 어려서 다녀 보지도 못한 아동부 목사직이 나를 기다리고 있었다. 무엇을 할까 기도하던 중 버스를 빌려 전 아동부 교사들을 이끌고 기도원에 갔다. 그날 저녁 아동 사역이 얼마나 중요한지를 힘껏 설교하고 기도하여 성령의 기름 부음을 경험하게 한 후 애찬과 세수식을 통해 결단하게 하였다. 큰 은혜의 밤이었다. 많은 교사들이 새롭게 다짐했다. 그리고 분기마다 교사들에게 영적 재충전의 기회를 주고 동화나 설교 대회를 열어 시상을 통해 재미있는 사역이 되게 하였다. 교사들이 신이 나자 아동부 각 부가 부흥하면서 주일 출석 1,270명을 달성하는 일이 일어났다.

선화교회에서도 교사 훈련과 릴레이 금식 기도를 통해 무장하게 하고 부서장들과 총무들을 차별화하여 높여 주자 그들이 자기 부서의 교사들을 격려하게 되고 그 교사들이 열심히 하게 되자 부흥의 불길에 휩싸이게 되었다.

청양교회에서의 중고등부의 부흥은 더욱 극적이다. 성인들 성경 공부를 하면서 '성도는 선수지 관람객이 아니다. 믿어 구원 받지만 사역해야 복을 받는다. 사역 없는 상급은 없다.'라는 제자 의식을 심어 주었다. 또 은사 발견 사역 공부를 하던 중에는 현직 학교 교사들 몇 명에게 '학교는 당신들의 사역터고 학생들은 사역의 대상'이라고 뜨겁게 가르쳤다. 하나님이 그들의 마음을 움직였고 그들이 사역하기 시작하자 중고등부가 부흥하기 시작하여 4명이 120명이 되는 축복이 나타난 것이다. 박영신, 임미자 권사 부부가 그 대표적인 분들이다. 그분들은 청소년 사역에 열정을 발견한 후 매일 교회에서 학생들에게 공부를 시키고, 학교에서는 쉬는 시간에 심방하고 전도했으며, 수련회를 위해 사재를 털고 금식하며 헌신하게 되었다. 더 좋은 곳에 부임할 수도 있었지만 청양교회 청소년 사역을 위해 기꺼이 포기하는 모습까지 보여 주셨다. 그분들의 사역을 보신 하나님께서 한 해는 충남의 명문 고등학교 전교 10등 중 청양교회 학생들이 6명이나 되는 기적을 주셨다.

교회 학교 부흥의 해답은 교사다. 그것도 학생들에게 열정을 불어넣고 헌신하며 한 영혼을 위해 피눈물을 흘릴 수 있는 교사가 그 해답이다.

영성 중심의 교육을 하라

옛날과 달리 이 시대에는 교회가 문화적인 면에서 사회에 줄 수 있는 것이 많지 않다. 남아 있는 것은 영성 정도가 아닐까 하는데 세상은 영성을 알지도 못하는 것 같다. 그러나 우리 인간이라는 존재는 하나님의 영으로 만들어진 영성적인 존재가 아닌가! 이것을 교회가 채워 줄 수 있다면 젊은이들과 청소년들, 어린이들은 다시 교회로 몰려올 것이다. 우리 자녀들은 아직 세상 물에 많이 찌들지 않아서 영성적으로 접근하면 어른들과 달리 빠른 시일 내에 하나님의 임재를 경험할 수 있다. 더욱이 이 시대가 감성의 시대다 보니 감성의 분야인 찬양과 기도로 그들에게 접근하면 더 빨리 받아들여질 것이다. 그렇다면 어떻게 영성적으로 접근해야 하는가?

먼저 재미있는 것 이상의 영성적인 접근이 시도되어야 한다. 이를 위해서는 '복음'을 가르쳐야 한다. 재미만 추구하고 그들의 필요만 채워 주는 교육이 한국 교회의 교육을 망쳤다. "초등학교 4학년만 되면 아이들의 영혼은 타락합니다."라고 했던 어느 기독교 교육 학자의 탄식을 잊을 수가 없다. 이는 복음이 들어가지 않고 재미있는 것, 윤리적인 것만 가르친 결과다. 처음에는 안 듣는 것 같아도 계속해서 죄를 가르치고, 십자가를 가르치고, 천국을 가르쳐야 한다. 복음이 없이는 절대 감격도 헌신도 없다.

그 다음은 영성적 체험이 중요하다. 이는 빠를수록 좋다. 하나님은 구하는 자에게 갖가지 은사를 주신다. 어린 시절에 살아 계신 하나님에 대한 징표를 갖게 하는 것은 매우 중요하다. 아이들은 어른들보다 수용이 빠르므로 뜨거운 찬양과 기도 훈련을 시도해야 한다. 임마누엘교회에서는 아동부 주일 새벽 기도를 열어 130명 이상이 모이는 기염을 토했다. 여름 캠프에서는 성령 충만을 사모하는 집회를 열었는데 여러 체험들을 하면서 그들이 성장하는 것을 볼 수 있었다.

선화교회와 청양교회에서도 중고등부 수련회는 어른들 집회보다 더 열심히 준비하고 힘껏 인도하여 놀라운 체험들을 하게 하고 간증하게 하였다.

상계교회에 와서도 수련회를 영성 집회로 바꾸었다. 40일 새벽 기도에 어린이들부터 청년들까지 참석시키고 금요 저녁 심야 기도회에도 참여시켜 기도하게 하였다. 살아 계신 하나님이 구하는 자를 무시하시는 경우는 없다. 그리하여 청년 19명이 40일 동안 하루도 빠지지 않고 새벽 예배를 드리는 일이 일어났으며 초등학생도 3명이나 완주했다.

영성을 깨우고 하나님을 만나게 하면 그 다음에는 그들이 헌신자가 된다. 헌신자가 되어 친구들을 이끌고 전도하는 일꾼이 된다. 상계교회 청년들은 주일 저녁 예배 후 그날 온 새 가족들을 심방하고 하루를 마친다. 어떤 때는 밤 12시, 새벽 1시까지 심방이 이루어진다. 이러한 헌신은 재미만으로 또 인간관계만으로는 할 수 없다. 살아 계신 하나님을 만날 때만 가능하다.

비전 중심의 교육을 하라

사람은 비전을 먹고 자란다. 특히 어린 자녀들은 비전이 없으면 너무도 약한 존재다. 그러나 비전이 있으면 세상을 다 얻은 사람이 된다. 교회에서도 그들에게 윤리나 가르치는 어리석음을 범해서는 안 된다. 비전을 심어 주어야 한다. 비전을 갖게 되면 일단 하고 싶은 말이 많아져 공동체가 활발해진다. 그 다음에는 기도하며 노력하는 영적이고 적극적인 사람이 된다. 교회에서는 처음부터 끝까지 항상 비전을 말해야 한다. 그리고 그 비전 앞에 흥분하게 하고 그것들을 위해 투자해야 한다.

임마누엘교회에서는 아동부 대심방을 하면서 비전 터치를 했다. '왜 어른들만 축복 심방을 해야 하는가?'라는 질문으로 모든 교사들과 함께 아동부 심방을 하면서 축복 기도를 하게 했다. 효과 만점이었다. 부모와 학생 모두 너무 좋아하고 기뻐했다. 부모들이 전도가 되는 일까지 일어났다. 처음에는 못하겠다고 하던 교사들이 이런 광경을 보자 앞다투어 심방하면서 부흥의 기적이 일어났다.

선화교회에서는 고등학교 3학년 학생들에게 매주 축복 기도를 해주었다. 주일날도 학교에 가야 하기에 고등학교 3학년 때는 주일 출석을 하지 않는 것으로 생각하던 그들에게 "인생 전체를 보면 고3 시절이 가장 어려운 것은 아니다. 그보다 더 어려운 시절이 올 텐데 그때는 어떻게 할 것이냐? 이는 마귀의 시험이다. 힘들수록 신앙생활을 더 잘해야 한다."라고 설득하면서 주일 7시 예배에 나오도록 했다. 예배 후에는 독서실로 따로 데려가서 매 주일 안수 기도를 해주었다. 역시 하나님은 우리의 기도에 응답하사 그해 학생들이 가장 좋은 대학에 많이 들어가는 축복을 누리게 되었다.

청양교회에서는 학생들을 모집해 서울 명문대와 최고의 교회들을 방문하는 비전 트립(vision trip)을 가졌다. 비전 트립은 본인이 가고 싶은 학교에 가서 사진을 찍어 그것을 책상에 놓고 기도하는 것이다. 이는 늘 지방에 있기에 작아질 수밖에 없는 꿈들을 키우는 작업이었다. 이것이 소문나면서 안 믿는 부모들도 공부를 위해 청양교회에 보내야겠다며 자녀들이 교회에 나가는 것을 지지하는 일까지 일어났다.

상계교회에 와서는 청년들에게 세계를 보여 주고 싶어서 청년 선교단을 구성해 중국과 싱가포르에 보냈다. 앞으로 어릴수록 선진국에, 나이 들수록 어려운 나라에 보내 비전과 섬김의 훈련을 겸비할 계획이다.

이 비전 중심의 교육에 있어 중요한 것은 담임 목사의 비전과 전 교우들의 기도다. 상계교회는 비전 중 세 번째를 '인재를 양성해 한국과 세계에 도전을 주는 교회' 로 정하고 매일 기도하며 10억 원 장학재단을 만들고 있다.

자율성을 기르는 교육을 하라

교육 사역을 하다 보면 가장 놀라운 것이 우리 자녀들의 잠재력이다. 하나님이 만드셨음에 틀림이 없다. 그들이 은혜를 받고 성경적 가치관에 사로잡히면 못할 것이 없다. 그리고 고생하여 일부만 드리는 어른들과는 달리 자신의 100%를 헌신한다. 그래서 큰일을 하게 되는 것이다. 이 사실을 믿는다면 교회 학교 부흥을 위해서 그들의 자율성을 길러 주는 교육을 해야 한다.

처음 목회지인 반암교회에서의 일이다. 시골의 아주 작은 어느 집사님 댁 사랑방에서 모인 교회였는데 부흥하면서 건물을 필요로 하게 되었다. 겨우 40만 원을 가지고 시작했는데 성도들의 헌신과 도시 교회의 지원으로 무사히 교회 건축을 마무리하게 되었다. 그런데 문제는 여러 사람들의 지원으로 지어졌기에 교인들 머릿속에 자신도 모르게 빚진 마음이 자리 잡게 된 것이었다. 그것을 치유하는 방법으로 이웃 고아원을 방문하겠다고 선언하고 준비에 들어갔다. 어른들은 우리 교회가 어떻게 이웃을 돕느냐며 냉소적이었지만 20여 명의 중고등학생들은 달랐다. "저희가 해보겠습니다."라며 폐품을 모으고 여기저기에서 도움을 이끌어 냈다. 요즈음에야 큰일 날 소리지만 그때 그 녀석들은 개구리 한 마리가 100원이라면서 개구리를 잡아 팔기까지 했다. 결국 그들의 노력이 전 교인들과 지역 유지들의 헌신을 유도해 성대한 위문으로 이어졌고 반암 교인들에게 '우리도 나누어 줄 수 있다.'라는 생각을 선사했다.

청양교회에서도 지역 불우 이웃 돕기의 일환으로 '하늘나라 프로젝트'를 시작했는데 이때 중고등학생들이 자신에게 배당된 돈으로 갖가지 일에 도전하는 것을 보았다. 어떤 학생들은 껌을 팔다가 '앵벌이' 소리까지 들었다고 한다. 청년들은 성전 건축을 위해 군고구마 장사를 했고 지역에 일거리가 있으면 참여하여 번 돈으로 교회를 짓는 일을 하기도 했다.

우리 자녀들에게는 하나님이 주신 무한한 가능성과 엄청난 잠재력이 있다. 나는 이것을 믿기에 상계교회에서 곧 청년 교회를 시작하려고 한다. 상계교회 안에 있지만 스스로 계획을 세우고 재정을 운영하며 목회자 사례비를 드리고 선교 비전을 설정해 성취하게 하는 것이다. 우리 청년들 꿈이 10개 미전도 종족에게 선교사를 보내는 것이라고 하니 그 정도 꿈이라면 독립을 시켜도 부족함이 없을 것 같다.

한국 교회가 다시 사는 길은 교회 학교를 세우는 것이다. 그리하면 머지않아 살아난다. 로마 시대에 그렇게 핍박 받아 다 없어진 줄 알았던 그리스도인들이 끝끝내 신앙의 정조를 지키고 거룩함을 유지하자 하나님은 순결한 처녀들을 궁궐로 들여보내 간단히 로마를 기독교 국가로 만들지 않았는가! 우리 자녀들을 순전한 주의 자녀들로 키워 낼 수만 있다면 아무리 이 사회가 교회를 공격하고 하나님을 무시해도 결국에는 모두가 교회를, 하나님을 공경하는 일이 일어나게 할 것이다.

11장

리더십 리메이크

지도자는 좋은 사람보다 훌륭한 사람이 되어야 한다. 즉, 'good man' 을 넘어 'great man' 이 되어야 한다. 이는 내가 군목에 입대하기 위해 키워 주신 목사님께 인사를 갔을 때 그 목사님이 하신 말씀이기도 하다.

"좋은 목사 소리 듣지 말고 훌륭한 목사 소리를 꼭 듣고 오게나!"

처음에는 이해가 되지 않았지만 군목에 입대하여 그 말씀이 얼마나 중요한지 뼛속 깊이 느끼게 되었다. 그 말씀을 지금도 내 인생의 좌우명 중 하나로 지키고 있다.

이를 위해 여러 가지 시도를 해보았는데 그중에 매우 중요한 것이 지도력(leadership)임을 알게 되었다. 그 첫 번째 이유는 이 시대가 지도력을 요구하는 시대기 때문이다. 21세기는 정보화로 시작되었다. 정보화는 사회 각 분야의 다원화를 통해 많은 분야의 일등(only one)들을 만들어 냈고 이것은 당연히 자기중심주의(me generation)를 양산했다. 이 많은 일등을 네트워킹하여 한 공동체로 만들기 위해서 지도력이 절대적으로 필요한 것이다. 똑똑한 현대인들을 교회 안에서, 복음 안에서 헌신하게 하려면 지도력을 통해 비전을 전하고 동기를 부여하며 서로 교제하게 해야 한다. 이 시대는 지도력이 없이는 어떠한 영향력도 끼칠 수 없는 시대가 되었다.

두 번째 이유는 목회 상황의 변화다. 이 시대는 평신도의 영향력이 증대되고 그들이 사역해야 하는 시대가 되었다. 이 시대의 목회 현장은 목회자 혼자 감당할 수 있을 정도로 간단하지가 않으며 너무도 다양한 욕구로 가득 차 있다. 그러므로 평신도로 하여금 그들의 영향력을 드러내며 사역하게 해주어야 한다. 이를 위해 목회자의 지도력이 절대적으로 필요하게 되었다. 아무리 설교를 잘해도 지도력이 없으면 평신도들을 제자로 양육하지 못한다. 평신도들을 제자로, 중간 지도자로 세우지 못하면 그 교회는 신바람이 나지 않고 부흥과는 거리가 멀어진다.

세 번째 이유는 지도력이 성서적인 요구기 때문이다. 하나님이 우리를 만드실 때도 지도자로 만드셨다. 창세기 1장 26절을 보면 "하나님이 이르시되 우리의 형상을 따라 우리의 모양대로 우리가 사람을 만들고 그들로 바다의 물고기와 하늘의 새와 가축과 온 땅과 땅에 기는 모든 것을 다스리게 하자 하시고."라고 하셨다. 온 인류의 주인이시며 다스리시는 하나님은 창조 때부터 당신의 영을 우리에게 넣으시고 우리도 하나님처럼 만물을 다스리는 지도자로 살게 하신 것이다.

신약 성경의 고백은 더 직접적이다. 고린도전서 3장 16절을 보면 "너희는 너희가 하나님의 성전인 것과 하나님의 성령이 너희 안에 계시는 것을 알지 못하느냐."라고 하셨다. 또 12장 27절에서는 "너희는 그리스도의 몸이요 지체의 각 부분이라."라고 하셨다.

성령님은 우리 속에 오셔서 우리가 성령님을 의지해 지도자로 살기를 기대하시는 것이다. 신구약을 지도력의 눈으로 보면 매우 재미있는 결과를 추론하게 된다. 구약이나 신약은 몇몇의 지도자를 통해 일하신 내용의 기록이다(아브라함, 이삭, 야곱, 요셉, 모세, 다윗과 몇몇 예언자, 베드로와 바울 등). 한때 나는 구약을 연구하다가 어찌하여 이렇게 왕의 이야기만 나오는지를 불평한 적이 있다. 그러나 지금은 그 이유를 분명히 안다. 하나님은 지도자를 찾으사 그들을 통해 일하시는 분이다. 한 사람을 부르실 때도 꼭 지도자가 될 약속을 던지시고 그에 맞는 훈련을 하신다. 그리고 사역하면서 지도자가 되게 하시고 그들에게 이 땅을 위임하신다. 하나님은 지금도 지도자를 찾으신다. 우리 인생은 지도력의 싸움이다. 지도력을 길러 탁월한 인생이 되어야 한다.

지도력의 정의

테리(G. R. Terry)는 "지도력이란 그룹이 추구하는 목표를 위해 추종자들이 기꺼이 노력하도록 그들에게 영향을 끼치는 행위"라고 정의했다. 목회 리더십의 거장 존 맥스웰(John Maxwell)은 "지도력이란 영향력이다. 또한 추종자들을 모을 수 있는 능력이다."라고 명쾌하게 제시했다. 한마디로 지도력이란 주어진 상황 속에서 리더가 추종자들에게 조직의 공동 목표를 성취할 수 있도록 영향력을 행사하는 과정을 의미한다.

지도력의 유형

지도력에도 여러 가지 유형이 있다. 그 하나가 독재형 지도력(headship)이다. 즉, 머리가 되어서 남을 부려 자기의 목표를 성취하는 것이다. 여기에는 주인과 종의 관계가 존재한다. 관리적 지도력(managementship)도 있다. 사장이 직원들을 관리하는 형태다. 이는 서로 이해관계 안에서 주고받는 것인데, 서로의 의견이 맞지 않으면 언제든지 깨질 수 있는 지도력이다. 더욱이 위험한 것은 사람은 관리의 대상이 될 수 없다는 점이다. 목회 현장에서 흔히 '성도를 관리한다.'라고 하는데 이는 매우 위험한 발상이다. 사람은 사랑과 섬김의 대상일 뿐 관리의 대상이 아니다. 이와 같은 지도력들은 지도자 중심적이어서 지도자가 그 위치를 소유하고 있다고 생각하여 항상 통제하고 명령하는 사람이 되며 중요한 일들을 위임하지 않는다. 한마디로 조직이 지도자를 위해 있는 형태다.

이에 비해 진정한 지도력은 지도자를 위한 것이 아니라 조직원들을 섬기는 것이다(servant leadership). 지도자가 추종자(follower)의 잠재력과 가능성을 개발해 또 하나의 지도자가 되게 하고 그들은 또 다른 지도자들을 재생산하는 것이다. 삼각형으로 말하자면 역삼각형으로 지도자는 가장 밑에서 추종자들을 섬기는 것이다. 이때 지도자는 지도자의 위치를 소유권으로 보지 않고 자신에게 부여된 청지기직으로 생각하며 추종자들이 승리해야 자신도 승리할 수 있기에 그들을 잘 섬기게 된다.

예수님은 이러한 지도력을 사셨으며 또한 제자들에게 가르치셨다. 갈라디아서 5장 13절을 보면 "형제들아 너희가 자유를 위하여 부르심을 입었으나 그러나 그 자유로 육체의 기회를 삼지 말고 오직 사랑으로 서로 종노

릇하라."라고 하셨다. 또 마가복음 10장 44절에서는 "너희 중에 누구든지 으뜸이 되고자 하는 자는 모든 사람의 종이 되어야 하리라."라고 하셨다.

지도력 세우기(leadership building)

지도력은 타고나는 것이 아니다. 물론 타고난 사람이 없는 것은 아니지만 대부분 노력하고 힘쓰면 만들어진다. 결코 그냥 만들어지는 것은 아니다. 지도력의 필수 부분을 알고 그것을 발전시켜야 지도력을 배양할 수 있다. 이제 그 요소들을 소개하고자 한다.

| 비전 |

비전이란 하나님 때문에 꾸는 꿈이다. 이 비전은 지도자에게 열정을 만들어 내는 미래의 그림이다. 동시에 지도자의 비전은 방향 설정으로 추종자들을 만들어 내며 그들이 지도자를 존경하는 이유가 된다. 많은 사람들은 지도자의 인격 때문에 따라오고 존경할 것이라 생각하지만 비전이 먼저다. 그러므로 비전 없는 지도자는 지도자가 아니다. 지도력을 세우길 원한다면 비전부터 세우고 정립하여 예리하게 발전시켜야 한다.

비전의 사람이 되려면 먼저 비전을 설정해야 한다. 비전을 설정하는 방법은 여러 가지가 있다. 바울처럼 기도 중이든 하나님의 찾아오심이든 하나님께 직접 받는 경우가 있다. 대부분의 사람들이 이것을 생각하는 것 같다. 그러나 그것이 어디 쉬운가! 그래서 조금 찾다가 절망하게 된다.

다른 방법은 직접 해본 결과 잘하고, 칭찬도 받고, 자신감이 생기는 것을 찾아 그 일을 하다 보니 그것이 자신의 은사로 굳어지는 경우다. 이는 틀린 것은 아니지만 시간이 오래 걸리고 비전에 대한 생각을 놓치면 중도에 포기할 가능성이 많기에 위험한 방법이다.

나는 빌 하이벨스가 쓴 『은사 발견 사역』(프리셉트)이라는 책을 가지고 비전 세우기를 했다. 그 책은 하나님을 믿는 우리 모두에게는 타고난 은사(gift)와 주어진 은사가 있는데 그것을 발견하는 것이 중요하다고 했다. 이는 주어진 열정(passion)을 찾아내고 자신의 성향(style)을 발견해 이 셋을 조합하여 무슨 일을 위해 이 땅에 보내졌는지 다른 말로 바꿈으로써 비전이 무엇인지 보는 방법이다. 나의 경우는 은사로는 가르치는 은사와 지도력의 은사 그리고 분별의 은사가 차례로 나타났으며, 열정은 젊은 청년들, 성향은 매우 일 중심적이고 체계적인 것으로 드러났다. 이 셋을 조합하여 내린 결론으로 지도자를 세우는 일을 비전(leader maker)으로 삼았다. 교회에서의 사역적인 면을 보아도 개척 교회 비전보다는 기존 교회를 부흥시키는 비전이 나에게 주어진 것임을 알게 되었다. 이렇다 보니 교회 사역의 내용도 가르침을 통한 중간 지도자 양성과 조직 정비를 통한 성장을 이끌어 가는 데 역점을 두게 되었다. 이 리더 메이커의 비전을 더욱 확신하게 된 것은 목사 안수를 받은 초기의 사건(?) 때문이다. 유학을 위해 미국에 갔다가 잠시 공부한 후 비자 갱신이 거절되어 힘든 시간을 보내는 과정에서 기도하던 중 주님이 주시는 음성을 들은 것이다.

"왜 너는 바울이 되려고 하느냐? 바울을 만들어 내는 바나바가 되면 되지 않느냐?"

그때 나는 결정했다. 신학 대학 교수가 되려는 마음을 내려놓고 열심히 목회하여 지도자들을 기르리라고. 그날부터 기도한 것이 '하나님, 저로 인해 1만 가정이 구원을 받고 1천 명의 지도자가 배출되도록 하옵소서. 그중 100명은 세계적인 지도자가 되고, 10명은 영적 거장이 되며, 1명은 노벨 평화상 수상자가 되게 하옵소서.'였다. 너무 거창하게 들릴지도 모르겠지만 나는 매일 이 꿈을 꾸고 기도한다. 하나님이 이 기도를 따라 나를 인도하시리라 믿는다. '꿈은 내가 꾸지만 그 꿈이 나를 만든다.'라는 진리를 믿는다.

이렇게 은사와 열정, 그리고 성향을 점검해 비전이 무엇인지를 찾는 일이 비전의 사람이 되는 첫걸음이다. 비전은 사람마다 다를 수 있고 같은 비전이라도 방법이 다를 수 있다. 예수님의 비전은 제자 양육을 통한 하나님 나라 확장이었고, 바울의 비전은 이방 선교를 통한 하나님 나라 확장이었다. 이렇듯 비전에서 자신만의 삶의 색깔과 특징이 나온다. 비전을 모른다는 것은 결국 목적지 없이 달리는 육상 선수와 같다.

비전의 사람이 되는 두 번째 방법은 세워진 비전을 계속적으로 터치하는 것이다. 세워진 비전을 글로 써서 붙여 놓고 입으로 외쳐야 하는데 그 최상의 방법은 매일 기도하는 것이다. 기도하면 하나님이 들으사 도와주시고 기도하는 나의 세포 하나하나에 그 비전이 심어지게 된다. 교회나 다른 공동체도 비전을 정해 바라보고 함께 외치면 그것이 방향이 되어 전진적인 공동체가 된다. 필자는 어느 교회를 가든, 어떤 성경 공부 모임을 인도하든 먼저 비전을 설정하고 매시간마다 그 비전을 말하게 한다. 지금까지 담임 목회자로서 섬겼던 교회들은 상처가 많았다. 그 치유 비법에 대해 질문을 많이 받는데 그 방법은 비전을 제시해 함께 바라보고 공유하는 것이었다. 비전을 바라보니 교인들 간에 싸우는 일도 줄어들었다.

또 비전의 터치를 위해 '비전 나눔 그룹'을 만들어 서로 비전을 자극하고 격려해 주면 금상첨화다. 그때 서로의 비전 네임(vision name)을 만들어 본인도 부르고 다른 사람들도 부르면 엄청난 비전 터치가 된다. 전도서 4장 12절을 보면 "한 사람이면 패하겠거니와 두 사람이면 맞설 수 있나니 세 겹 줄은 쉽게 끊어지지 아니하느니라."라고 하셨다.

나의 비전 네임은 리더 메이커(leader maker)다. 어디를 가도 나의 비전과 함께 비전 네임을 소개한다. 명함에도 기록되어 있다. 자연히 리더를 기르고 만드는 일에 심혈을 기울이는 삶을 살게 된다. 신학교에서 강의를 할 때 한 학년에서 3명씩 선발해 리더십 스쿨을 인도한 경험이 있다. 거기서 각자의 비전 네임을 정하게 하고 그 모임에서는 항상 그 이름만을 부르게 했다. 그 이름을 부르면서 비전의 터치를 받게 하려고 한 것이다. 아직 그들은 과정 중에 있지만 각 분야에서 열심히 성장해 가는 모습을 대견스럽게 바라보고 있다. 그 과정이 결과가 될 때 그들의 비전 네임은 현실이 될 것이라 믿는다.

비전의 사람이 되는 세 번째 방법은 비전 성취를 위해 대가를 지불하는 것이다. 리더는 독서가며 학습자다(Leader is Reader). 리더는 능력이 많은 사람이 아니라 능력을 개발할 줄 아는 사람이다. 그러므로 공부해야 한다. 리더라는 말 자체가 이끄는 사람 아닌가! 고로 공부하고 학습하여 그 분야의 전문가가 되어야 한다.

공부라는 것이 꼭 책을 읽는 것만은 아니다. 현장에서 직접 체험하는 것이야말로 산 공부며 다른 사람들이 이루어 놓은 훌륭한 것을 벤치마킹하는 것도 큰 공부다. 리더는 비전을 세우기 위해서 공부해야 한다. 그리고 그 비전을 키우기 위해서도 공부해야 한다. 아는 만큼 보게 되고 보는 만큼 비전을 세우게 된다. 이런 면에서 리더는 학습하여 비전을 만드는 비전 메이커다.

| 인격 |

하나님은 어떤 사람을 리더로 쓰시기 전에 항상 인격부터, 사람됨부터 바꾸셨다. 항상 그런 것은 아니지만 대부분 고난이라는 방법을 사용하셨다. 요셉이 그랬고 모세가 그랬고 다윗이 그랬다. 고난이 아니고는, 막다른 골목이 아니고는 인격의 모난 부분이 다듬어지지 않기 때문이다. 이 사실을 알았던 요셉은 훗날 자기를 팔고 두려워하는 형들에게 "하나님이 큰 구원으로 당신들의 생명을 보존하고 당신들의 후손을 세상에 두시려고 나를 당신들보다 먼저 보내셨나니 그런즉 나를 이리로 보낸 이는 당신들이 아니요 하나님이시라 하나님이 나를 바로에게 아버지로 삼으시고 그 온 집의 주로 삼으시며 애굽 온 땅의 통치자로 삼으셨나이다(창세기 45:7, 8)."라고 고백했다. 당할 때는 힘들었지만 지나고 나서 보니 그것으로 인해 인격과 신앙적인 성품이 다져진 것을 안 것이다. 사실 요셉은 아버지의 편애를 받고 자랐으며 형들의 흠을 고자질할 정도의 어린 성품의 사람이었다. 하나님은 요셉을 종으로, 죄수의 몸으로 만드셔서 하나님이 쓰실 만한 인격을 갖추게 하셨다. 다윗도 다른 사람이 아닌 장인 사울로부터 다가오는 고난을 통해 일국의 왕으로서의 인격과 하나님의 일꾼으로서의 품성을 함양해야 했다. 이런 지도력의 안목으로 우리에게 다가온 고난을 대할 수 있다면 '고난은 변장된 축복'이라고 고백하지 않을 수 없다.

로마서 8장 28절을 보면 "우리가 알거니와 하나님을 사랑하는 자 곧 그의 뜻대로 부르심을 입은 자들에게는 모든 것이 합력하여 선을 이루느니라."라고 하셨다.

예수님의 주된 관심은 단지 우리가 다른 행동을 하는 것이 아니라 다른 사람(새 피조물)이 되는 것이다. 친절한 행동을 하는 것이 아니라 친절한 사람이 되기를 원하신다. 사랑의 행동을 하는 것이 아니라 사랑의 사람이 되기를 원하신다. 형통을 맛보는 것이 아니라 복음으로 형통한 자가 되기를 원하신다. 존재(being)의 문제, 인격의 문제가 그래서 심각하고 중요한 것이다.

하나님이 쓰시려고 하는 사람에게 요구되는 인격 중에는 필수 불가결한 것이 세 가지 있다. 첫째는 섬김의 인격이다. 리더십의 기본은 섬김에서 나온다. 리더십은 하나님을 섬기고 이웃을 섬기는 데 그 목적이 있다. 마더 테레사는 "우리는 성공하려고 부름 받은 것이 아니라 복종하려고 부름 받았다."라고 하여 리더십에 있어 섬김의 인격이 얼마나 중요한지를 정확하게 지적하셨다. 그러므로 섬김의 인격을 배양하기 위해 힘써야 한다. 이를 위해 늘 나눔과 배려를 연습해야 한다.

섬김은 타고난 성품이 아니다. 하나님의 은혜 안에서 그분의 섬김에 감격하며 작은 것에서부터 섬김의 노력을 해야 한다. 그래야 습관이 된다. '섬김이 습관이 된 인생'은 하나님이 반드시 쓰신다. 이 섬김이 습관이 되어야 리더십의 꽃이며 열매인 위임이 가능하다. 열심히 잘 쌓아 놓고도 마지막에 나누고 위임하지 못해서 실패하는 리더들이 참 많다. 모세가 여호수아에게 위임하고 느보산에서 사라지는 모습은 얼마나 숭고하고 눈물겨운가! 몇 년 전에 성경의 땅을 밟았을 때 나는 느보산에서 모세의 위임을 생각하며 눈물을 흘린 적이 있다. 강 하나만 건너면 그렇게 고대하던 땅 가나안, 평생을 바친 목적이 성취되는 순간에 위대한 리더 모세는 자신의 한계점을 알고 여호수아에게 위임하고 하나님의 안식의 품으로 조용히 사라져 준 것이다. 이 위임은 항상 재생산의 축복으로 이어진다. 위임이 없어서 재생산이 안 되고 새 일꾼들이 세워지지 않는다. 위임을 하지 못하는 것은 평소에 섬김의 훈련이 되어 있지 않아서다. 위로는 하나님과 그분의 뜻을 섬기고 옆으로는 사람을 섬기고 아래로는 후임과 후배를 섬기는 성품을 개발해야 한다.

둘째는 열정의 인격이다. 대부분의 사람들은 하나님이 '우리의 능력을 보고 쓰신다.'라고 생각하는데 결코 그렇지 않다. 능력은 그분이 얼마든지 부어 주실 수 있다. 그러나 능력보다 더 중요한 것은 열정이다. 하나님께서도 우리의 열정을 보고 감동하신다. 엘리사를 보라. 자신의 스승 엘리야보다 갑절의 영감을 구하며 끝끝내 따라가니 그가 원하는 대로 엄청난 능력을 부어 주셨다. 열정 위에 능력을 부으시니 엘리사는 예수님과 너무도 흡사한 사역들을 감당해 냈다. 사람들도 그렇다. 리더의 능력이 아니라 열정 때문에 감동하고 따라온다. 따라서 열정의 인격을 키워야 한다. 열정을 키우는 최고의 방법은 하나님의 임재를 경험하며 그분이 주시는 사명에 붙잡히는 인생이 되는 것이다. 사명은 환경도 넘어서게 한다. 사명은 우리 가슴에 불을 넣는다. 그래서 사명의 사람이 되면 열정의 사람이 된다.

셋째는 거룩함의 인격이다. "내가 거룩하니 너희도 거룩할지어다(베드로전서 1:16)."라고 말씀하신 하나님은 거룩한 자를 즐겨 사용하신다. 하나님이 거룩하시기 때문이다. '거룩함'이란 구별됨을 의미한다. 하나님의 이름과 나라를 위해 영과 육과 혼, 시간과 마음과 물질 등을 구별하는 것이다. 하나님은 이렇게 거룩하게 살려고 하는 자에게 특별한 애정을 가지고 계신다. 그 모습 속에서 자신의 욕심을 억제하고 하나님의 영광을 위해 살아가려는 노력이 보이기 때문이다. 고로 거룩함을 유지하는 것은 끝까지 계속 사용됨에 있어 매우 중요한 관건이다. 또 거룩함은 하나님의 성품이기에 하나님의 성품을 닮은 자를 하나님이 사랑하시기 때문이다. 하나님은 거룩하지 않은 자를 사용하시고자 할 때는 반드시 거룩하게 만드신 후에 사용하신다. 바울을 보라. 그는 극적인 체험을 통해 자신의 죄와 추함을 알고 철저히 회개한 후 사용된다. 거룩함의 중요성을 알았던 그는 디모데후서 2장 21절에서 "그러므로 누구든지 이런 것에서 자기를 깨끗하게 하면 귀히 쓰는 그릇이 되어 거룩하고 주인의 쓰심에 합당하며 모든 선한 일에 준비함이 되리라."라고 거룩함을 고백적으로 강조하고 있다.

훗날 주님 앞에 갈 때 우리는 구원 받아 얻은 영생과, 상급 받을 이유가 될 이 땅에서의 희생과, 주님 닮은 성품을 가지고 간다. 리더, 그것도 주님의 나라를 위한 사역의 지도자로 쓰이기를 원한다면 주님 닮은 인격을 구비해야 하나님께 사랑받는 지도자, 사람들에게 존경받는 지도자가 될 것이다.

| 전문성 |

이 시대는 전문성의 시대다. 이는 정보화가 낳은 산물이기도 하다. 세분화되고 전문화되어 대충 할 수 있는 일들이 별로 없다. 자기 분야에서 전문성을 갖추지 않고는 지도자가 될 수 없는 것이다. 또한 지도자란 이끄는 자(leader)이다. 이끈다는 말은 그 분야에서 전문성을 가지고 가르치며 방향성을 제시한다는 의미가 내포되어 있다. 고로 전문성이 없는 지도자는 있으나마나며 있어도 자리만 차지하고 도리어 걸림돌이 될 가능성이 많다. 지도자가 되려면 전문성을 키워야 한다.

목회자도 목회의 전문가다. 성경적인 패러다임으로 시대를 분석하고 나아갈 길을 제시하는 전문성이 있는 사람이어야 한다는 뜻이다. 더욱이 목회자는 하나님의 뜻을 전하고 회중들의 요구를 바라보며 그들을 복된 길로 인도해야 하기에 누구보다 다방면의 전문성이 요구되는 사람들이다. 목회자가 길러야 하는 전문성에는 다음과 같은 것들이 있다.

첫째는 영적인 전문성이다. 목회자가 존재하는 이유도, 목회자의 존재의 힘도 영적인 전문성에서 나온다. 목회자는 그 시대에 마지막 남아 있는 영성과 영적인 전문성의 보루가 되어야 한다. 이런 면에서 다음의 헨리 나우웬의 말은 매우 의미심장하다.

“내일의 리더의 모습은 내면에서 일어나는 일들을 정확하게 표현하는 사역자, 긍휼의 사역자, 묵상하는 사역자다. 날마다 말씀을 묵상하고 기도하며 침묵하는 것을 반복해야 한다. 그래야만 시선이 하나님께 고정되며 인기보다 더 높은 부름에 응답할 수 있다.”

이를 위해 철저히 성경을 연구하며 하나님과 깊은 소통이 있는 기도 생활에 통달해야 한다. 늘 성경을 가르치고 기도를 인도하지만 정작 자신을 위한 영적 생활은 빈곤할 때가 많은 것이 목회자들의 삶이다. 또 신앙생활은 누구도 따라올 수 없는 철저함이 있어야 한다. 이는 율법주의 이상으로 주일을 성수하고, 철저한 새벽 기도를 드리며, 온 성도들이 존경할 만한 십일조를 비롯한 헌금 생활, 본을 보이는 전도 생활 등을 하는 것을 의미한다. 성경에 나오는 바리새인이나 사두개인은 비난을 받고 있지만 그들이 추구하는 철저함은 배워야 한다. 그들은 자신에게만 철저함을 요구해야 했는데 자신만큼 남도 철저해야 한다는 입장에서 타인의 잘못을 정죄하는 실수를 범했다. 오늘 이 시대의 영적 리더들은 이러한 그들의 삶의 철저함을 깊이 생각해 볼 필요가 있다.

단적으로 두 가지만 생각해 보자. 먼저 헌금 생활이다. 헌금하도록 가르치기에 앞서 목회자가 먼저 철저한 십일조와 감사 생활을 하고 교회 헌금을 '하나님의 돈'이라는 생각으로 사용한다면 아마 교회에 재정 혁명이 일어날 것이다. 또 하나는 전도다. 어느 목사님이 "7만여 명의 한국의 목사님들이 한 달에 한 명씩만 전도해도 1년에 800여만 명의 그리스도인들이 태어날 것이다."라고 하셨다. 폐부를 찌르는 지적이 아닐 수 없다.

둘째는 지성의 전문성이다. 목회자는 영성 다음으로 지성의 전문성이 있어야 한다. 우리가 살고 있는 이 시대는 지식 사회로 고학력자들이 많다. 고로 지성이 없으면 설득력이 없고 호소력이 없다. 이 시대 목회자들이 가져야 할 영성도 '지성적 영성'이어야 하는 이유가 바로 여기에 있다. 지성을 통해 세상을 읽고 영성을 통해 해답을 주어야 한다. 지성만 있으면 차갑고 영성만 있으면 촌스럽게 여겨진다. "한 손에는 성경을, 한 손에는 신문을!"이라고 외쳤던 칼뱅의 외침이 가슴 깊이 다가오는 시대다.

목회자들은 이러한 지적인 전문성을 위해서도 노력해야 한다. 독서의 폭을 확대하고 깊이를 더해야 한다. 한 분야의 길을 보려면 그 분야에서 30권의 책을 읽어야 한다고 했다. 그리고 그 분야의 최고가 되려면 그 분야에 대한 책 100권을 읽고 그 분야에 10년을 종사해야 한다고 했다. 그러므로 시, 수필, 소설, 신학 서적, 설교집 등 다양한 독서가 필요하다. 특히 신학 잡지나 목회 잡지를 통해 목회의 시대적 흐름을 놓치지 않는 것도 매우 중요한 일이다. 그리고 지성적인 작업을 위해 놓치지 말아야 할 것은 신학적 사고의 지평을 넓히는 것이다. 신학이란 신앙의 울타리며 교리를 해석하고 이단으로부터 교회를 지키는 변증학적 노력이다. 이런 노력이 수반되지 않으면 회중들의 삶을 성경적으로 해석해 줄 수 없으며 그렇게 되면 성도들은 하나님의 말씀을 가볍게 여기고 교회를 떠나게 될 것이다. 시대적인 신학의 흐름, 시대적 이슈에 대한 신학적 해석들에 대해 귀 기울이며 목회에 임해야 할 것이다.

셋째는 사역의 전문성이다. 목회자는 목회 사역자(minister)다. 사역자기에 자신의 분야에서 전문성을 길러야 한다. 지금까지 리메이크에 있어 비전 리메이크, 기도 리메이크, 전도 리메이크, 예배 리메이크, 설교 리메이크, 양육 리메이크, 소그룹 리메이크, 심방 리메이크, 교회 학교 리메이크, 리더십 리메이크를 이야기했는데 이 분야들이 목회자가 중요하게 다루어야 할 사역의 분야다. 이 중 이 시대의 목회자가 가장 우선적으로 갖추어야 할 것은 설교와 소그룹 그리고 지도력이다. 설교는 기본적으로 잘해야 한다. 매스미디어의 발달로 인해 설교를 잘하여 부흥하는 시대는 지났고 설교를 못하면 목회를 못하는 시대가 왔다. 또한 소그룹 양육의 대가가 되지 못하면 충성스러운 교인들, 성경적 가치관을 가지고 사는 주님의 군사들을 길러 내지 못하므로 역사적인 변혁을 일으키지 못한다. 그리고 지도력이 없으면 늘 문제에 쫓기는 리더가 되어 목회력을 제대로 발휘하지 못하고 성도들에게 버림받는 목회자가 된다. 사역의 전문성을 위해 더 많이 연구하고 더 많이 땀을 흘려야 하는 시대가 된 것이다.

넷째는 사람을 키우는 전문성이다. 목회자는 사람을 키우는 자다. 교회의 2대 사명이 영혼 구원과 양육이라면 교회의 최고 리더인 목회자에게 양육의 전문성은 그 어떤 것보다 절실하게 요구되는 것이다. 대부분 목회자들의 꿈은 교회 성장일진대 성도들을 잘 키워 사역자로 또 리더로 살게 하면 교회는 저절로 부흥할 것이다.

이렇게 중요한 것을 알면서도 왜 못하는가? 안하기 때문이 아닐까? 성경 공부나 제자 양육을 경험하지 못했거나 자신이 없어서 시도하지 않는 것이다. 그러나 나는 경험에 의해 '해보면 하는 길이 열린다.'라는 것을 알고 있다. 양육의 코스를 운영하면서 그 중요성도 더 깊이 알게 되고 방법과 기술도 배우게 된다. 또 더 큰 욕구로 제자 양육에 대한 훈련을 목회자 자신도 받게 된다.

또 교회의 전반적인 프로그램이나 예배를 운영함에 있어 평신도 사역자 배출에 대한 마인드가 녹아 있지 못해서이기도 하다. 지도자는 하루아침에 키워지지 않는다. 평소에 늘 목회자가 성도들은 구경꾼이 아닌 사역자가 되어야 함을 가르쳐야 한다. 그리고 결정적인 양육 코스를 만들어 배우게 하고 작은 일이라도 위임하게 되면 사역자로, 리더로 성장해 간다.

상계교회에서는 집사, 권사, 장로와 같은 직분자를 임명할 때 반드시 리더십 코스를 통과하게 한다. 훈련 시간에 가르치는 내용은 다음과 같다.

직분자 리더십 훈련 교안

1. 우리가 살아야 할 21세기는?
   ① 정보화 - 가속화
   ② 다원화 - 상대화, 수평화 : Only One - 평신도 역할의 증대
   ③ 비인간화 - 상대주의, 물질주의, 세속주의, 이기주의의 가치관 - 감각적, 소비적, 자기중심적인 인간관 형성

2. 크리스천 리더십의 기본 및 특징
   ① 기본 - 인격, 전문성, 영력
   ② 특징 - Servant Leadership
   갈 5:13 - 형제들아 너희가 자유를 위하여 부르심을 입었으나 그러나 그 자유로 육체의 기회를 삼지 말고 오직 사랑으로 서로 종노릇하라.

3. 성서가 말하는 지도자(행 11:10~26) - 바울형(목회자형, 개척, 일중심), 바나바형(평신도, 위로와 격려, 사람 중심)
   ① 당신은 무릎 꿇음을 위해 부름 받았습니다.
      - 기도는 master key
   ② 당신은 교회의 성숙을 위해 부름 받았습니다.
      - 성장 mind에서 성숙 mind로!
   ③ 당신은 목회의 협력자로 부름 받았습니다.
   ④ 당신은 신실한 청지기로 부름 받았습니다.
   ⑤ 당신은 은사 활용을 위해 부름 받았습니다.
      - 열정, 은사, 스타일
   ⑥ 당신은 지상의 선교사로 부름 받았습니다.
      - 목회자는 교회를 성도는 세상을 변화시키는 주역!
      - 평신도 목회자
   ⑦ 당신은 상처 난 감정의 위로자로 부름 받았습니다.
   ⑧ 당신은 신앙의 리더십을 위해 부름 받았습니다.

인생이나 목회는 리더십 싸움이다. 리더십의 중요성을 알고 이를 배양해야 한다. 아무리 개인적인 능력이 탁월해도 리더십이 없이는 발휘될 수 없다. 내가 일하여 내가 먹는 인생은 너무 고달프다. 그것보다는 '나와 너'가 힘을 합하는 플러스(+) 인생이 더 수월하다. 더 나아가 지도력을 발휘해 모두가 힘을 합하여 제3의 힘을 만들어 내는 곱하기(×) 인생이 되면 그보다 훨씬 더 수월하고도 많은 열매가 있는 삶이 될 것이다.

물론 리더십에는 많은 도전이 있다. 하나님의 나라가 확장되는 것을 방해하는 마귀의 작전 또는 리더의 지침, 주변의 시기 등이 그것이다. 이러한 위험 요소들을 잘 방비하면서 리더십을 발휘하면 분명 지금보다 나은 내일이 주어질 것이다.

확신하라. 오늘도 주님은 당신의 나라를 위한 지도자를 찾고 계신다는 것을! 그 대상이 바로 우리다. 주님이 부르신다. 그리고 그 부름에 응하는 자들을 도와주신다. '나는 지도자!' 라고 힘차게 외치며 리더십 전쟁에 뛰어들어 보자.

다시 쓰는 부흥의 기록

나는 지금도 내가 목회자가 되어 있다는 것 자체가 꿈을 꾸는 것 같다. 너무 감사하고 너무 행복하다. 나같이 부족한 존재를 구원해 주신 것도 감사한데 목회자로 불러 사용하사 써주심이 감사하다. 거기에다가 사랑스러운 성도들의 순수함과 헌신을 바라보면 몸 둘 바를 모르겠다. 보잘것없는 나의 한마디에 최선을 다하려고 애쓰는 성도들의 그 아름다움이 나를 더 채찍질하게 한다. 나는 분명 행복한 영적인 CEO이다. 앞으로 20여 년 이상 목회 현장에서 주의 교회를 섬기며 사랑하는 성도들을 감싸야 한다. 그래서 나는 언제나 꿈꾸며 새로운 도약을 향해 나아갈 것이다.

부흥의 정신(revival spirit)을 전하는 교회

나는 내가 사랑하는 주님의 교회가 진정으로 부흥하기를 원한다. 그리고 내가 몸담고 있는 조국 대한민국의 교회가 부흥하기를 원한다. 이를 위해 내가 섬기는 교회가 먼저 부흥을 경험하고 그 부흥의 증거(evidence)를 전하길 원한다. 어느 시대고 부흥이 쉬웠던 적은 없었다. 또한 어느 시대고 부흥이 없었던 적도 없었다. 누가 그 부흥의 불씨를 던지고 그것을 조직화해 극대화할 수 있는가가 관건이다. 대형 교회라고 무조건 이 일을 할 수 있는 것은 아니다. 오히려 대형 교회가 되면 자체 유지가 힘들고 나름대로의 포만감 때문에 전체에 대한 관심이 떨어질 수 있다. 남의 배고픈 사정을 모를 수 있다는 것이다. 교인 수와 경제력만 있다고 되는 것도 아니다.

나는 내가 섬기는 교회가 그런 불씨가 되기를 기도한다. 우리 교회를 통해 부흥의 불씨가 한국 교회에 퍼져 나가 수많은 교회들이 일어나는 것을 볼 수 있다면 얼마나 행복할까! 상상만 해도 기분이 좋다.

교회를 세우는 교회

나는 내가 섬기는 교회를 우선 사랑하지만 그 외의 모든 한국 교회를 사랑한다(아직 세계의 교회라고 하기에는 미흡하다). 우리 교회가 부흥하는 교회로 존재해야 하는 이유는 또 다른 교회를 세우기 위함이다. 이를 위해 상계교회는 '미자립 교회를 자립화하는 일'에 총력을 쏟고 싶다. 이 일을 통해 한국에 있는 교회들이 살아나 지역에 복음의 물꼬를 트고 그로 인해 한국을 예수 마을로 만들어야 하기 때문이다.

작지만 일단 시작은 했다. 연초에 초교파적으로 목회자 세미나를 열어 지원을 원하는 교회를 제비뽑기로 선정한다. 1년간 매월 첫째 주 목요일에 선정된 교회의 목회자 부부를 모이게 하여 목회 코칭과 실습 그리고 설교 클리닉(clinic)을 실시한다. 또 매월 30만 원 전도비와 전도 용품을 지원한다. 1년간은 목사, 전도사 네임텍(name-tec)을 떼게 하고 자립화의 기수가 되도록 도전을 주며 회의나 부수적인 일에 시간을 빼앗기지 않도록 다짐을 받는다. 매월 전도한 상황을 서

류로 보고 받아 잘한 교회에는 상을 주고 못한 교회에는 꾸짖음과 함께 분발할 것을 종용한다. 그 1년간 몇몇 교회에는 직접 도시락을 싸가서 교회 컨설팅, 세미나와 부흥회를 열고 전도해 주며 분위기를 일신시킨다.

이 일을 통한 나의 소망은 두 가지이다. 하나는 우리 교회를 통해 1년에 100개의 교회가 자립하는 것이며, 또 하나는 이 일을 지속적으로 이루기 위해 전국에 10개의 교회를 개척하여 그곳을 중심으로 지역마다 교회 자립화를 통한 예수 마을 운동을 일으키는 것이다. 우리 교회가 50주년을 맞이하여 중부권의 한 교회를 개척해 그 첫걸음을 내딛으려고 한다.

이러한 일들을 통해 한국 교회 동역자들이 부흥 정신으로 교회를 살리고 한국을 예수 마을로 만들 수 있을 때 우리는 선교 한국의 기치를 다시 드높일 수 있을 것이라 확신한다. 부흥하는 한국 교회가 중국에, 인도에, 싱가포르에 선교사를 보내고 그들이 그 나라를 복음화하여 모슬렘 벨트를 복음으로 뚫을 수 있는 날 우리는 땅끝까지 복음이 전해지면 다시 오시리라는 주님을 뵐 수 있을 것이다. 이것이 진정한 '백 투 예루살렘(back to Jerusalem)' 일 것이다. 우리 교회로 인해 주님이 속히 오실 수 있다면 얼마나 기쁘고 영광이겠는가!

인재를 양성하는 교회

나 자신의 진정한 행복이 무엇일까 깊이 고민하곤 한다. 여러 가지가 있지만 나에게는 사람 키우는 일이 행복임을 안다. 모든 사람은 탁월해지고 싶은 욕망이 있지만 나로 인해 탁월한 인물이 나오는 것도 그것 못지않은 행복이다. 나는 엘리야가 부럽다. 왜인가? 능력 때문이 아니다. 그에게는 엘리사 같은 탁월한 제자가 있었기 때문이다. 물론 엘리야가 탁월했기 때문에 탁월한 제자도 나왔지만 꼭 그런 것만은 아닐 것이다. 도와주시는 주님이 계시지 않았는가!

나로 인해 1만 명이 주님의 구원을 경험하고 그중 1천 명이 지도자가 되며 그중 100명은 세계적인 리더가 되고 그중 10명은 영적 거장이 되며 그중 1명은 노벨 평화상을 받는 날을 기대해 본다. 나는 나의 자녀들에게도 이 비전을 계속 이야기한다. "너희들이 그 10명 중 1명이 되기를 바란다."라고. 또 우리 성도들에게도 "여러분과 여러분 자녀들이 여기에 속하기를 축복합니다."라고 계속 이야기한다.

이제 교회 차원에서 이 일을 준비하려고 한다. 비전 센터와 장학 재단을 만들어 후학을 양성하려고 한다. 크리스천 창업 학교와 비전 스쿨을 만들어 거룩한 거부들을 배출하려고 한다. 선한 목적이니 기도하면 하나님이 이루어 주시리라 믿는다.

형통 신학을 보여 주는 교회

나에게 가장 좋아하는 말 한마디를 택하라고 하면 '형통'을 꼽겠다. 나뿐 아니라 내 주변의 많은 사람들이 형통했으면 하는 바람 때문이다. 형통이란 '잘 나가는 것'이다. 하나님의 백성이 하나님께 복을 받아 잘나가는 인생이 되어야 하지 않겠는가? 좌 또는 우로 치우치지 아니하고 모세를 통해 주님의 율법을 지키면 형통하리라 외쳤던 여호수아가 바로 나이고 싶다.

이런 소망 때문에 나는 구약학 박사 논문도 형통의 뿌리인 계약을 택했다. 형통케 하시는 하나님과 그 대상인 하나님의 백성의 계약을 다룬 것이다(『계약이란 무엇인가』, 한들출판사, 2004). 또한 첫 설교집이며 나의 고백인 책의 제목도 『형통을 누리도록 빚어진 인생』(도서출판 진흥)으로 정했다. 출판 기념회에서 이것을 눈치 챈 존경하는 목사님이자 형님이신 송길원 목사님(하이패밀리 대표)이 축사에서 '형통 신학'을 정리하고 전해 주는 목회자가 되라고 귀띔해 주셨다.

나는 나와 내 가정의 삶에서, 내 교우들의 삶에서, 한국 교회의 한 복판에서 형통을 보고 싶다. 형통을 노래하고 싶다. 기도하며 말씀을 먹이며 우리 성도들이 형통의 증거(evidence)가 되도록 할 것이다. 아마 그날 성경의 말씀대로 구름떼같이 몰려오는 사람들의 무리를 보게 될 것이다.